本书由中国博物馆协会与腾讯基金会"腾博基金"资助

童心虎迹

Childlike Innocence and
Tiger Trace

江西省博物馆
"小鸟虎儿童主题展"
策展笔记

游越 赵涛 贺玥 著

ZHEJIANG UNIVERSITY PRESS
浙江大学出版社
·杭州·

图书在版编目（CIP）数据

童心虎迹 ：江西省博物馆"小鸟虎儿童主题展"策展笔记 / 游越，赵涛，贺玥著. -- 杭州 ：浙江大学出版社，2024. 11. --（中国博物馆陈列展览精品·策展笔记）. -- ISBN 978-7-308-25239-3

Ⅰ. G269.275.6

中国国家版本馆 CIP 数据核字第 2024RB1347 号

童心虎迹

江西省博物馆"小鸟虎儿童主题展"策展笔记

游 越 赵 涛 贺 玥 著

出 品 人	褚超孚
策划编辑	张 琛 陈佩钰 吴伟伟
责任编辑	陈思佳（chensijia_ruc@163.com）
责任校对	黄梦瑶
美术编辑	程 晨
出版发行	浙江大学出版社
	（杭州市天目山路148号 邮政编码：310007）
	（网址：http://www.zjupress.com）
排　　版	浙江大千时代文化传媒有限公司
印　　刷	杭州捷派印务有限公司
开　　本	710mm×1000mm 1/16
印　　张	12.5
字　　数	190千
版 印 次	2024年11月第1版 2024年11月第1次印刷
书　　号	ISBN 978-7-308-25239-3
定　　价	88.00元

总　序

　　在社会主义文化强国建设的进程中，博物馆扮演着中华文明优秀成果守护者、传承者与传播者的重要角色。作为博物馆教育与传播的核心媒介，陈列展览成为博物馆守护文化遗产、传承中华文明、讲好中国故事的关键工作。好的陈列展览离不开好的策展工作。策展是构建陈列展览的过程，是通过逻辑和观念的表达，阐释文物藏品的多元价值，构建公众与遗产之间的对话空间，激发广泛社会价值与文化价值的思维和组织活动。博物馆策展的理论与实践水平，很大程度决定了陈列展览的思想境界、文化内涵、艺术品位与传播影响。因此，博物馆策展的学术研究和业务能力建设是提高博物馆陈列展览工作业务水平和影响效果的重要途径；某种意义上，也是促进我国博物馆事业高质量发展的关键所在。

　　"中国博物馆陈列展览精品·策展笔记"丛书的出版，正是源于对上述问题的思考。作为我国博物馆行业发展的协调者与促进者，中国博物馆协会长期致力于博物馆展陈质量建设和策展能力提升。在持续不断的摸索和实践中，许多博物馆同仁建议我们依托"全国博物馆十大陈列展览精品推介活动"，围绕一批业内公认的具有较大影响力与鲜明特色的获奖展览项目，邀请策展团队，形成有关策展过程和方法的出版物。在不断的讨论中，我们逐渐明确：这种基于展览策划的出版物，显然不同于博物馆中常见的对于展览内容及重点文物介绍的"展览图录"，而更适合被称为"策展笔记"。

　　所谓"策展笔记"，一方面，要聚焦"策展"的行动内容，也就是要透过展览看幕后，核心内容是展览从无到有的建设过程，尤其要重点讲述展览选题、前期研究、团队组建、框架构思、展品组织、形式设定、艺术表达、布展制作等当代博物馆展览策划的核心流程及相关体会。另一方面，要突出"笔记"的内涵风格。如果与记录考古工作的过程、方法与认识的"考古报告"相类比的话，"策展笔记"则是对陈列展览的策展过程、方法与认识的重点记录。与此同时，作为与"随笔""札记"等相似的"笔记"文体，也应带有比较强烈的主观性、灵活性和较高的自由度，宜以第一人称的口吻展开，重在呈现策展的心路历程与思考感悟，而不苛求内容体系的完整性与系统性；重在提炼策展的经验、理念、亮点，讲好值得分享的策展专业理论、专业精神、专业态度和专业手法等。我们相信，这样的"策展笔记"，不但可以作为文博行业了解我国文博系统优秀展览的"资料工具书"，也可以作为展陈从业者策展创新借鉴的"实践参考书"，还可以作为普通大众的"观展指南书"，帮助他们了解博物馆幕后工作，更好领略博物馆展陈之美。

　　丛书第一辑收集了 2019—2021 年度全国博物馆十大陈列展览精品推介的代表性获奖项目，覆盖全国不同地域，涵盖考古、历史、革命纪念等不同类型。由于缺乏经验借鉴，加之展览类型的多元性、编写人员构成的差异性等，在撰稿与统稿过程中，我们遇到了远超预期的挑战。这些挑战包括但不限于：如何平衡丛书的整体风格与单册图书的个体特色；如何兼顾写作内容的专业性特质与写作表达的大众性要求；如何将策展实践中的"现象描述"转化为策展理念的"机制提炼"，充分体现策展的创新点和价值点；如何实现从"报告思维"向"叙事思维"的转型，生动讲述策展的动人细节；如何在分析个案内容的同时对行业的普遍性、典型问题进行有效回应，发挥好优秀展览的示范作用；如何解决多人撰写所产生的文风不统一问题，提高统稿工作的质量和效率；等等。幸运的是，在各馆撰稿团队的积极配合下，在专家的有力指导下，我们通过设定指导性原则、确定写作指南、优化统稿与编审机制等途径，一定程度克服了上述挑战难题，基本完成了预期目标。

　　这套丛书的问世，离不开撰稿人、专家和编辑的辛勤劳动。我们衷心感谢北京鲁迅博物馆（北京新文化运动纪念馆）、中国人民革命军事博物馆、山西博物院、吴中博物馆、扬州中国大运河博物馆、杭州市萧山跨湖桥遗址博物馆、山东博物馆、湖北省博物馆、盘龙城遗址博物院、成都武侯祠博物馆、陕西历史博物馆、秦始皇帝陵博物院、和田地区博物馆等博物馆策展团队撰稿人的精彩文本。同时，我们衷心感谢南京博物院理事长、名誉院长龚良，复旦大学文物与博物馆学系主任陆建松，浙江大学艺术与考古学院教授严建强，北京大学考古文博学院教授宋向光，上海大学现代城市展陈设计研究院执行院长李黎，西安国家版本馆（中国国家版本馆西安分馆）副馆长董理，清华大学美术学院副教授李德庚等多位学者、专家的认真审读与宝贵的修改建议。感谢浙江大学出版社董事长、党委书记、总编辑褚超孚，以及社科出版中心编辑团队的细致审校和精心编辑，他们的工作为丛书的顺利出版提供了坚实的保障。浙江大学艺术与考古学院"百人计划"研究员毛若寒博士在这套丛书的方案策划、组织联络、出版推进等方面，用力尤勤，付出良多。此外，还有许多在本丛书筹划、编辑、出版过程中给予帮助的专家、老师，无法一一列举，在此谨对以上所有人员致以最真挚的感谢和敬意。

　　严建强教授在一次咨询会上曾对这套丛书给过一个很高的评价，认为它是当代博物馆专业化建设的一个重要的里程碑。对于这个赞誉，我们其实是有点愧不敢当的。我们很清楚，丛书第一辑的整体质量还有待提升，离"里程碑"的高度存在一定差距。但通过第一辑的编辑出版，我们为接下来的第二辑、第三辑的编写积累了经验、增强了信心。今后，我们会继续紧扣"策展笔记"作为"资料工具书""实践参考书"与"观展指南书"的核心功能定位，继续深化对于博物馆展览策展笔记的属性、目标、功能、内涵、形式等方面的认知，努力通过策展笔记的编写，带动全行业策展工作专业水平的整体提升。这虽然是一件具体的事情，但对构建博物馆传承与展示中华文化的策展理论体系和实践创新体系，推动博物馆守护好、展示好、传承好中华文明优秀成果，为博物馆事业的高质量发展、为建设社会主义文化强国不断做出新贡献，是很有积极意义的。我们相信，有全国博物馆工作者的积极参与，我们一定能把这套丛书做得更好，做成中国博物馆领域的著名品牌。

　　是为序。

刘曙光

中国博物馆协会理事长

2023 年 8 月

第二辑赘言

自"中国博物馆陈列展览精品·策展笔记"第一辑问世以来，我听到了文博业界及学术圈同仁们不少的夸奖。一些博物馆展陈从业人员自发撰写评论，从实操与理论等层面解读策展理念，提炼专业经验。浙江大学、陕西师范大学等高校将其纳入教学过程，作为培育新一代策展人的学习资料，凸显了"策展笔记"的教育价值。微信读书以及各类新媒体平台的留言体现出"策展笔记"已成为广大观众理解博物馆策展艺术、深化观展体验的"新窗口"，拉近了公众与博物馆文化的距离。不少读者热情高涨，纷纷点赞并留下评论，将之视为"观展宝典"。

读者的肯定，是我们编辑出版"策展笔记"的最大动力。在 2023 年 11 月第一辑刚发行之时，第二辑也进入了紧锣密鼓的撰写阶段。基于前期积累，第二辑在保持原有特色的同时，力求策展写作内容深度与广度的双提升，旨在展现中国博物馆策展实践的多元视角与前沿动态。

江西省博物馆的"寻·虎——小鸟虎儿童主题展"，作为"策展笔记"第一例儿童主题展览，深刻揭示了策展人对儿童心理与行为特征的敏锐洞察，彰显了博物馆对儿童受众的关怀与重视，映衬出博物馆服务理念的革新与拓展。上海天文馆的"连接人和宇宙"基本陈列作为自然科学类展览在丛书中首次呈现，极大地丰富了"策展笔记"的题材与内涵。广东省博物馆的"焦点：18—19 世纪中西方视觉艺术的调适"，是粤港澳大湾区首屈一指的外销画专题展览，荣获"十大精品推介"之"国际及港澳台合作奖"，反映出中国博物馆策展的国际视野，亦是出入境展览在"策展笔记"中的初次亮相。值得一提的是，我们特别收录了虽未参与"十大精品推介"但承载着深厚文化内涵与当代价值、在故宫博物院举办的"何以中国"展览。我们认为，独特的时代性、典型性与代表性，使其成为不可多得的策展典范；我们坚信，其策展智慧值得广泛传播与深入探讨。

在"导览"篇章，"策展笔记"第二辑更加注重构建"策展人导览观展"的沉浸式氛围。例如，上海天文馆的策展笔记立足科普导游与创意巧思，构建出令人心驰神往的宇宙奇景，极大提升了读者的参与感与体验度。"策展"篇章的解析深度与广度也有所提升，体现出更加强烈的问题意识，在撰写个案的同时探讨普遍性议题。如"何以中国"的策展笔记首次提出了"展览观"的命题，深入剖析展览背后的策展理念与文化价值，启发策展人对展览本质的再思考。同时，第二辑还加大了对展览"二次研究"和"学理解析"的力度，对策展相关的"叙事""阐释""符号"等现象进行了学理上的深入探究，将理论成果融入策展实践，进一步提升了展览的学术性和专业度。

技术细节的呈现成为"策展笔记"第二辑的另一大亮点。如对陕西考古博物馆的"考古圣地华章陕西"主展标设计过程的全揭秘，不仅展现了策展团队的匠心独运，也让读者对展览背后的专业技术支撑有了更直观的认识。

最后，第二辑在观展与策展之间建立了更紧密的联系。在"观展"篇章，不少书稿引入观众报告，让策展工作更贴近观众需求，提升了展览的互动性与社会影响力，折射出了策展与观众的双向赋能。

"策展笔记"第二辑依然集结了一支由撰稿人、专家与编辑组成的优秀团队。在此，我们向故宫博物院、辽宁省博物馆、上海天文馆、苏州博物馆、浙江省博物馆、杭州市临平博物馆、江西省博物馆、郑州商代都城遗址博物院、广东省博物馆、中山市博物馆、广西壮族自治区博物馆、四川博物院、陕西考古博物馆等多家博物馆的策展团队贡献的精彩文本表示由衷感谢。同时，还要继续感谢南京博物院理事长、名誉院长龚良，复旦大学文物与博物馆学系主任陆建松，浙江大学艺术与考古学院教授严建强，北京大学考古文博学院教授宋向光，上海大学现代城市展陈设计研究院执行院长李黎，西安国家版本馆副馆长董理，清华大学科学博物馆（筹）高级顾问杨玲等专家学者，他们的专业审读和中肯建议对提升"策展笔记"内容质量起到了关键作用。我们还要向浙江大学出版社董事长、党委书记、总编辑褚超孚，副总经理张琛，社科出版中心编辑团队及所有参与的工作人员致敬，他们一丝不苟的工作态度与精益求精的专业精神，确保了"策展笔记"第二辑的高质量出版。我还要特别鸣谢今天在浙江大学艺术与考古学院任"百人计划"研究员的毛若寒博士。作为执行主编，他不仅协助我延续并深化了策展笔记的体例，更以其富有朝气的学术洞察力推动了丛书品质的进一步提升。此外，还有许多未被逐一提及的专家和同仁，他们的辛勤工作和专业精神对整个编撰项目至关重要，我对他们表示由衷的感谢和敬意。

　　"策展笔记"如同一扇开启多元视野的窗，亦如聚焦万象的镜头，第二辑尤为如此。它不仅展现了中国博物馆展览生态的丰富多样，更深刻揭示了策展实践背后的创新思维与理论深度。从第一辑至第二辑，这套丛书见证了中国博物馆策展领域的进步，每一页笔记都凝结着策展人对新时代博物馆的角色与功能的深邃思考。这一历程不仅是策展理念革新的实录，亦是中国博物馆人敢于探索、勇于创新精神的鲜活体现。展望未来，我们将秉持"讲好中国故事"的初心，以"策展笔记"为桥梁，不断深化对新时代博物馆使命的理解与实践，致力于通过精品展览传承中华优秀传统文化，弘扬革命文化，发展社会主义先进文化，为建设社会主义文化强国、推进中国式现代化贡献博物馆的力量。

刘曙光

2024 年 8 月

童
心
虎
迹

Childlike Innocence and
Tiger Trace

引言

虎啸风驰，迈出全新一步

一、知己知彼，迎接全新挑战

教育是博物馆的首要职能，强化教育功能已经逐渐成为近年来博物馆发展的主流趋势。随着博物馆教育职能的逐渐凸显，以及博物馆教育在公共文化服务领域中影响力的日益增强，如何发挥好博物馆特有的教育资源优势，更好地为社会大众服务，满足大众的精神文化需求，成为博物馆的新挑战。儿童展览是博物馆探索教育路径的一个重要方向和目标。立足于儿童教育的新形势新特点，江西省博物馆推出儿童博物馆计划，助力落实教育"双减"政策，创新拓展博物馆儿童教育的路径和方法，这是彰显博物馆社会教育责任与担当，建设儿童友好型博物馆的一次有益探索与实践，一经推出便获得了社会各界的强烈反响与广泛好评。儿童博物馆计划引导中小学生积极利用博物馆资源开展学习，更好地认识和认同中华文明，通过持续长效的运作，让"博物馆陪伴孩子成长"从新时尚走向新常态（图1-1）。

（一）新时代博物馆的儿童教育新形势

文物承载着中华民族的悠久历史和灿烂文明。这些宝藏中凝聚着厚重的历史记忆，蕴藏着中华优秀的传统文化，编汇出一部跨越时空的文明长卷。博物馆汇集了无数自然和人类文化遗产，是收藏、保护并向公众展示人类活动和自然环境见证物的公共文化机构，是传播中华优秀传统文化的先锋阵地，也是展示社会文明发展的重要窗口。博物馆承担着阐释优秀历史文化、引导积极价值观取向的重要职责。近年来，参观博物馆成为一种生活新时尚，博物馆已经逐

江西省博物馆
JIANGXI PROVINCIAL MUSEUM

儿童博物馆计划

在"双减"大背景之下，江西省博物馆从2021年起筹划推出"儿童博物馆计划"。

PART 01　　　　　　　　儿童主题展览

PART 02　　　　　　　　教育研学活动

PART 03　　　　　　　　馆校合作课程

PART 04　　　　　　　　专属志愿团队

图1-1　江西省博物馆的儿童博物馆计划

图1-2　江西省博物馆新馆外观

渐成为广大人民群众追求美好生活和感悟历史人文、传承文化脉络、追寻文明印记的重要场域。

　　作为文化传播和公共文化服务的重要平台与重要组成部分，博物馆在社会教育中具有重要的价值与意义，教育正是当代博物馆的核心功能之一。江西省博物馆筹建于 1953 年，是全省最大的综合性博物馆、首批国家一级博物馆、全省爱国主义教育基地。江西省博物馆新馆（图1-2）于 2020 年 9 月 27 日开馆，建筑面积约为 8.6 万平方米，展陈面积为 2.8 万平方米，汇集了江西各地发现的珍贵历史文物和艺术精品，藏品总数超过 6 万件 / 套，特色藏品有新干大洋洲出土商代青铜器、贵溪崖墓出土东周漆木器和原始瓷器、明代藩王墓出土文物、历代陶瓷器、江西名人书画、江西近现代革命文物等。新馆设有 8 个常设展厅和 3 个临时展厅，全方位展现江西大历史格局和文化特色，高质量满足新时代公众的多元需求。作为社会教育的重要组成部分和文化传承发展的载体，江西省博物馆充分发挥在文明传承和文化传播等方面的独特优势，通过题材丰富、主题多元、类型多样、内容明确的高质量展览来拓展传统功能，向公众传播历史文化的深厚底蕴和独特魅力，不断探索博物馆文化传播的新路径。

儿童是国家的未来，其成长关系到国家和民族的前途与发展。博物馆有着丰富的教学资源及独特的教育方式，在儿童教育中有着不可替代的重要作用。让博物馆优秀文化成果惠及更多儿童，为他们提供更为独特丰富的教育资源，这不仅是公共文化服务机构应尽的社会责任，也是博物馆履行好文化育人职能的题中应有之义。

对于中小学生而言，走进博物馆可以开阔视野、激发兴趣、培养创新精神，让中华优秀传统文化在保护和传承中不断发扬光大。对于博物馆而言，要以培养儿童的探索和学习兴趣为目的，以满足儿童需求为使命，尊重儿童的生理及心理需求，通过提供情感、精神上的体验性和参与性活动，去激发他们对自然、科学和社会现象的主动学习热情。江西省博物馆以丰富的文物资源底蕴，打造常态化儿童教育的第二课堂，为孩子们提供精神滋养和文化熏陶，把文化殿堂变成学习课堂（图1-3）。

为了进一步推进文博事业高质量发展，让"博物馆热"成为文化新风尚，推动中小学生更好地利用博物馆资源开展学习，促进博物馆资源融入教育体系，2015年，国家文物局和教育部印发《关于加强文教结合、完善博物馆青少年教育功能的指导意见》，要求把博物馆资源与中小学课堂教学、综合实践活动的实施有机结合，增强博物馆青少年教育的针对性；坚持"机制创新"原则，以构建中小学生利用博物馆学习的长效机制为目标，使利用博物馆学习成为中小学校日常教学的有机组成部分。2020年9月，教育部和国家文物局联合发布《关于利用博物馆资源开展中小学教育教学的意见》，要求推动博物馆教育资源开发利用，拓展博物馆教育方式途径，建立馆校合作长效机制，加强博物馆教育组织保障。2021年5月，中央宣传部、国家发改委、教育部、科技部、民政部、财政部、人力资源社会保障部、文化和旅

图1-3　江西省博物馆开展青少年线下教育活动

游部、国家文物局印发《关于推进博物馆改革发展的指导意见》，提出博物馆要发挥教育功能，加强对中华文明的研究阐发、教育普及和传承弘扬，同时制定博物馆教育服务标准，丰富博物馆教育课程体系，为大中小学生利用博物馆学习提供有力支撑。一系列相关文件的出台，为博物馆儿童展览如何与中小学课程资源有效链接指明了新方向、提供了新思路、开辟了新路径，有效地发挥了博物馆的社会价值。

图1-4　江西省博物馆"流动博物馆"进校园活动现场照片

（二）综合性博物馆的儿童教育新挑战

随着"双减"政策的落地，孩子们从过重的学业负担和课后培训负担中解放出来，有了更多的业余时间和机会接受非正式教育。作为非正式教育的重要场域，博物馆有了更加广阔的空间来释放教育潜能，同时也面临着教育需求多样化等新挑战和新机遇。博物馆需要更好地了解学校和学生的教育需求，为学生量身定制丰富优质的儿童主题展览，开发精品教育活动品牌，研发博物馆特色系列课程，共同推进利用博物馆资源开展教育教学活动的常态化与长效化发展机制。用博物馆优质教育教学资源助力"双减"，让儿童走进博物馆，走进儿童展览，为孩子们播下博物的种子（图1-4）。

博物馆儿童展览和博物馆儿童教育是一个有机结合体中不可分割的两个部分。近年来,在日益扩大的博物馆观众群体中,儿童逐渐成为引人关注的一部分。随着公众对博物馆儿童服务需求的激增和对服务质量要求的不断提高,博物馆儿童教育互动专区与儿童主题展览受到了来自家长和孩子们的广泛好评。从苏州博物馆西馆探索体验馆、广东省博物馆青少年活动中心、故宫博物院故宫文创儿童体验店、河南博物院社会教育体验厅、辽宁省博物馆儿童体验馆和成都博物馆周末儿童博物馆等儿童专区的设立,以及南京博物院"暑期动物'缘'"儿童教育特展、杭州博物馆"发靥的宋潮"青少年教育体验展的相继推出,可以看出众多综合性博物馆在儿童教育服务方面正在进行全新的探索和尝试,试图将博物馆历史、科技和自然等领域的资源有效转化为中小学教育教学资源。

因此,在传统综合性博物馆内开设儿童展览已经成为丰富博物馆教育实践、推进多维协同、充分释放博物馆力量的重要对策。在"双减"等政策推出之前,江西省博物馆日常教育活动的目标群体大多是儿童,教育内容主要围绕展览展开,其与中小学校有着常态化的合作,并且有一个运行良好的小志愿者团队,但对照新时代的教育需求,仍然存在需要提升和改进的地方。因此,我们在策展过程中解决了博物馆儿童展览在策划和实施方面存在的一些问题。

一是儿童展览缺乏常态化顶层设计。展览是博物馆最核心的教育产品,但江西省博物馆每年制定的展览计划和配套教育、文创、宣传计划并没有将儿童主题展览作为专项列入,也没有一项可持续发展的长远规划。为此,我们完善儿童展览的常态化顶层设计,从江西省博物馆实际情况出发,在每年六一国际儿童节策划推出一期儿童主题展览,通过"展览 + 教育 + 文创 + 宣传"的多元化复合模式,形成一个可持续发展的儿童展览常态化、长效化机制,使之成为博物馆工作计划的重要构成。常态化顶层设计就是要从博物馆实际出发,统筹各部门,从全局的角度综合协调,制定系统化的展览规划,从展览主题的确定到如何融入创新设计,真正地从儿童视角出发撰写展览大纲,同时推动主题文创、社教活动和宣传推广的多元延伸，发挥好博物馆这所大学校的作用，让更多儿童能在博物馆里与优质资源相遇，助力国家文化软实力的提升。

二是展览教育产品缺乏儿童视角。博物馆推出的教育产品，其策划团队成员主要为成人，缺乏经验丰富的一线教育工作从业者和教育学背景扎实的团队成员，难以真正从儿童视角去策划活动，教育产品缺乏儿童视角和趣味性，儿童缺乏参与感。针对这些问题，我们在策展过程中突破成人视角的局限性，以儿童全方位、多渠道深度参与的形式克服成人策划团队的局限性。从儿童视角出发，通过观察、记录等方法，综合运用多种分析手段，结合各年龄段儿童发展情况进行教育产品设计，真正意义上从儿童视角开展工作。

三是教育产品碎片化、简单化，缺少品牌效应。虽说平时已开展与展览主题相关的配套社教活动，但仍然没有形成有影响力的儿童教育品牌体系和持续价值。因此，我们完善了儿童教育服务体系，围绕展览设计展览读本、印鉴手册、海报、微信表情包及文创产品，开展系列教育活动等配套文化服务（图1-5），创新体验形式，满足多元需求。借助儿童展览这一核心产品，加上配套服务等辅助产品，以组合拳的方式发挥展览的群团效应，形成儿童教育产品矩阵，建立完整、完善的博物馆儿童教育体系，为博物馆与学校搭建桥梁。

四是宣传推广力度不够。缺乏对相关活动的全方位、多角度的推广，宣传范围和受众面较小，博物馆教育服务的影响力有待提升。为扩大展览的影响，我们联动主流媒体及自媒体平台，扩大推广范围和受众群体，提升博物馆儿童展览教育品牌的影响力和辐射力。

五是缺乏完整的评估反馈体系。在教育活动结束后虽会面向参与者开展一定的评估反馈调查，也会从组织者角度对活动效果进行一定总结，但前期评估与过程评估仍较为薄弱。为了更精准地了解儿童的需求和想法，提升展览品质和儿童的满意度，我们在"小鸟虎主题儿童展"开展前和展期内，同时在线上线下发布专项调查问卷（图1-6），于各阶段收集观众意见，进行展前评估和展后调查，评估儿童对展

图1-5　为儿童量身定制数字化课程（组图）

图1-6　展览的调查问卷

览的预期需求和喜爱程度，同时收集观众对展览的意见和建议，使展览发挥最佳教育功能，并更好地服务于儿童。

二、深度剖析，锚定全新目标

面临新需求和新挑战，我们该如何全方位打造一个儿童喜爱、儿童友好的展览？如何将丰富的博物馆传统教育资源与学校无缝对接？儿童展览怎样助力孩子的全面成长？如何实现博物馆儿童展览的可持续发展？一系列问题都等待着我们在策划展览的同时进行思考和解答。

（一）展览建设，达成一个小目标

博物馆儿童主题展览是持续激发博物馆活力，深入挖掘博物馆教育职能，让更多中华文明优秀成果走近中小学生，吸引更多中小学生走进博物馆，继承、传播和弘扬中华优秀传统文化的新方式和突破口。因此，利用博物馆作为教育场域的开放性、自主性，利用博物馆藏品的直观性、实物性等特点，充分发挥博物馆资源适合儿童这一优势，打造优质展览，举办题材丰富、类型多样的儿童主题展览，在非正式教育领域产生强大的聚合效应，有利于儿童构建正确价值观、认知能力和判断能力，以及独立思考能力和科学的思维方式。

夏阳暖暖，生机萌动，江西省博物馆首个儿童主题展览"小鸟虎儿童主题展"在童趣烂漫的 2022 年 6 月 1 日正式启幕。这是江西首个文物主题儿童展，也是江西省博物馆儿童博物馆计划实施的开端和现阶段主要成果之一（图 1-7）。

展览有着首创性与独特性。展览结合重大考古发现和代表性文物，向孩子们展现江西历史上辉煌且独特的青铜文明，同时又融入天马行空的儿童艺术创作，是一次非常有价值的尝试。

展览富有参与性和体验性。面向孩子的展览，要以孩子喜欢的方式呈现。我们聚焦儿童观展需求，主动征求吸纳中小学生及中小学教育工作者的意见，鼓励支持学校和学生参与展览策划，灵活运用实践操作和多媒体手段，设计了许多可看、可听、可触、可互动的操作体验项目，为孩子们打造出一个博物馆中的游乐园（图 1-8）。

展览体现了人文关怀与文化创意。展览用活泼的语言讲述文物故事，适应孩子的身高降低展板高度，采用柔软材质和圆润倒角保障安全性，专门为特殊儿童设计盲文触摸台，这些无一不体现了对孩子们的贴心保护与温暖关怀。除了展览本身，还推出专属 IP 形象，衍生趣味文创、品牌联动及一系列配套教育活动，全方位充实展览外延领域。

图1-7　展览启幕仪式（上）

图1-8　孩子参与展览中的操作
体验项目（组图）（下）

图1-9　运用小鸟虎IP形象趣味解读文物故事

　　我们基于儿童视角，召集少年儿童参与展览的策划并实施配套教育活动，展览大纲内容逻辑、展厅形式设计尽可能符合儿童的感知能力与喜好。展览发挥博物馆独有的资源和阵地优势，突出博物馆属性；紧紧围绕核心展品伏鸟双尾青铜虎，讲述它的出土修复历程，介绍江西新干大洋洲商墓，使少年儿童了解青铜文化与虎文化，在兼顾活泼形式的同时突出历史文化内涵，由点及面，由浅入深，由学至思；以专属的小鸟虎 IP 形象为第一人称趣味解读文物故事，讲述它的前世今生，增添展览的故事性与趣味性（图1-9）；用符合儿童认知能力与兴趣的形式打造展教一体空间，向孩子们展现具有江西特色的文化面貌，通过丰富的实践操作和特色展区，提供一个极具参与性、体验性与人文关怀的交互学习空间，让文物展、艺术展与体验中心无缝对接，为孩子们量身定制一座属于他们的"博物馆乐园"，提供一个释放天性的空间、充满自由想象的舞台和尽情探索的场域，让孩子们在展览中通过高质量的学习体验，产生强烈的探索欲和好奇心（图1-10）。

图1-10　儿童在展厅中观看
《爱虎行动》原创公益片

（二）品牌建设，追求一个大目标

如何将丰富的博物馆教育资源与学校和儿童无缝对接？如何通过儿童展览助力少年儿童的全面成长？江西省博物馆以儿童展览为中心，同步推出各项与展览密切关联的"展览＋"主题教育、志愿服务（图1-11）和文创产品等优质配套文化服务，进一步深入阐释展览，深度挖掘中华文明独特价值，打造专属于儿童的文化服务品牌，提升展览的传播力和社会影响力。

1.馆校合作：让展览跳出传统场景

为了探索馆校合作的新路径，共建博物馆与学校的连接纽带，江西省博物馆围绕儿童展览开发了丰富多彩的社教研学活动项目，结合课堂教学、展览解读、实践体验等多个环节，提供专属化、定制化儿童教育服务，将抽象的文化符号转化为直观创意的文化体验，打造校园里的"儿童博物馆"。

图1-11　"小赣将"志愿者正在讲解

　　在"双减"政策背景下，江西省博物馆充分发挥博物馆公共教育职能，建立馆藏资源共享机制，建立"开学第一课"和"三点半博物馆"课程库，同步推出"小鸟虎小课堂"等儿童展览主题校园社教课程，通过"菜单式课程表＋自主预约"模式，将精品课程送入省内百余所中小学，极大地丰富了学生的课后服务，架起了少年儿童与文物对话的桥梁（图1-12）。同时，采用数字化课程、图文展板、多媒体展览和仿制展品等，开展"流动展览进校园"活动（图1-13）。通过"点对点"精准服务，形成数字课程、多媒体教学、流动展览授课矩阵，精准促进馆校联动，让文化服务零距离，激发学生探索传统地域文化的热情，

图1-12 "三点半博物馆"课程现场（左）
图1-13 "流动展览进校园"活动现场（右）

让博物馆成为常态化"第二课堂"。针对特殊儿童，秉承展览的人文关怀理念，将博物馆教育与特殊教育相结合，以"发现身边的美好"为主题，与省内特殊教育学校和机构合作，开办"发现美好"温暖特教活动，创建专属的特教课程，运用融合教学手段，引导特殊儿童参与博物馆专场教育活动，触摸历史脉搏，感知文化传承。

2.创意释展：从展览延伸多元文化服务

为了打造少年儿童感兴趣的文化服务体验，江西省博物馆依托展览，配合丰富多彩、掌握"流量密码"的文创产品和富有特色的展览宣传品，不断解锁展览阐释新方式，用创新传承经典。

打造儿童友好的文创产品。将传统美学、新式审美和童趣完美融合起来，成功推出多款朝气蓬勃的"出圈"产品。儿童展览实体文创从博物奇趣、文房用品、

图1-14 "小鸟虎杂货铺"文创售卖区

创意生活、舌尖美食四个方面出发，打造了玩偶、马克杯、笔记本和雪糕等多款产品；数字文创以核心展品伏鸟双尾青铜虎为灵感来源，配合日常生活用语，融入拟人化的面部和动作表情，量身打造了小鸟虎原创系列表情包，为美好生活增添快乐味道。"小鸟虎杂货铺"文创售卖区作为展览的一部分融入展厅，作为博物馆消费新场景，实现了展览文化信息的外延和扩展（图1-14）。在创新消费场景、激发消费新活力的同时，文创产品作为彰显江西地域文化特色和承载文化基因的特色载体，让观众将展览的一份独特回忆带回家，实现儿童展览的持续影响。

在儿童展览和教育服务捕获公众视线的同时，从横向和纵向上搭建全面的新媒体矩阵，构建有力的传播网络，提升展览传播效果。适时结合文化活动、直播、微视频等形式，推出生动有趣的宣传内容，让展览与文化服务乘风远传。推出"探秘小鸟虎"专栏，由策展团队全面解析展览核心文物伏鸟双尾青铜虎，并围绕同批出土文物，介绍"小鸟虎的朋友圈"，分享策展历程，多角度解读展览细节与巧思；与南昌市教育局、南昌市智慧阅读平台等联合推出暑期专题线上线下活动，上线"寻·虎云展览"等直播，推广博物馆教育活动；推出"童言童语"等活动，与观众进行线上互动，加强与儿童的交流，征集他们根据观展体验创作的绘画、创意类作品，提升展览的创造力。通过江西省博物馆官方微博、微信、抖音等平台推送相关信息，同时联动主流媒体及自媒体平台，在新华社、中国日报网、中国新闻网、光明网等进行宣传报道，有效提升了影响力。

（三）体系建设：探索一个远规划

儿童已成为博物馆日益扩大的观众群体中引人关注的特殊群体。随着社会对儿童教育理念的不断更新，各大综合性博物馆也越来越重视面向儿童观众的服务。为了持续推进博物馆事业高质量发展，完成博物馆传播传统知识文化的教育使命，迎接新形势和新挑战，2021年，江西省博物馆结合自身实际，努力提升服务质量和水平，创新博物馆儿童教育的理念和思路，策划推出儿童博物馆计划，通过推进落实持续性、针对性和精准化的展览规划，开发适应儿童个性化、多元化需求的新型教育场景和课程内容，搭建一个寓教于乐、融学于趣、化教于心、儿童友好的博物馆儿童展览服务体系。儿童博物馆计划是一项系统性工程，包含儿童主题展览、教育研学活动、馆校合作课程和专属志愿者团队四个方面的内容，通过在每年六一国际儿童节推出一期儿童展览，以儿童展览为中心，全方位、高质量构建儿童友好、儿童喜爱的博物馆儿童展览服务体系。

一是儿童主题展览。以"小鸟虎儿童主题展"为开端，于每年六一国际儿童节推出一期儿童主题展览，展期为三个月，涵盖六一国际儿童节和暑期，以儿童主题展览为核心，秉承展教并重的原则，配套开展一系列多维度"扩容"服务，打造一个融展览、教育、文创、宣传等多项文化服务为一体的综合展览服务项目。

二是教育研学活动。针对小学下午三点半后开展课后服务的要求，推出"三点半博物馆"品牌教育项目；利用博物馆教育资源开展"馆校零距离"研学教育等项目，深化"请进来、走出去"的社教模式；推出"与希望同行"乡村振兴教育项目，以及面向视障、听障等特殊学生群体的教育项目等，满足不同场景下的教育需求与情感需求。

三是馆校合作课程。与江西省教育部门、中小学校联合研发"虎伢子说江西"系列馆校合作课程，将其作为中小学的常态化博物馆课程并出版配套图书，线上线下全方位推广。

四是专属志愿者团队。组建"小赣将"志愿者团队，使之全程参与儿童博物馆计划的展览策划、讲解、教育活动组织等相关工作，充分倾听少年儿童的声音，尊重儿童的意见与需求。

儿童展览在面向少年儿童群体展示和弘扬中华优秀传统文化方面起到了至关重要的作用。首先，我们制定了一套可操作的、完善的儿童展览制度，从江西省博物馆的实际出发，统筹各部门，从全局角度综合协调，制定系统化的展览规划，包括展览的主题、内容、形式、评价标准和质量保障措施等，以确保展览质量的稳定性。通过"文物＋场景＋多媒体＋互动体验"的立体化展览手段，鼓励儿童自主观察思考，开展探究性学习，在观展过程中积累知识、陶冶艺术情操、培养对中国传统历史文化的浓厚兴趣。

其次，在坚守博物馆属性这一本质特征的基础上，开创"儿童视角＋展教一体＋趣味解读＋多元延伸"的展览新模式，以儿童展览为核心，配套开展教育、宣传、文创等外延服务，努力构建多元延伸的展览体系，充分发挥博物馆儿童展览的文化传播及教育作用，不断增强儿童博物馆计划的辐射力和影响力。

最后，与学校建立常态化合作关系，深化馆校合作，打造儿童展览教育品牌体系。与学校、教师共商共建共享，结合儿童展览配套的"三点半博物馆""流动展览进校园""历史教室平板课程""温暖特教"以及"富媒体教学包""线下电子动画绘本"等内容，推动博物馆资源有机融入中小学教育教学体系，让博物馆从文化殿堂转变为新型课堂，成为校园的一角。构建高品质、多元化儿童教育产品矩阵，充分发挥组合拳的叠加效应，打造兼具普适性、独特性、长效性的儿童教育品牌，创建完整的博物馆儿童教育体系。

儿童博物馆计划并非只靠一期展览、一场社教活动就能完成，而是需要经年累月地坚持努力。儿童博物馆计划以展览为核心，创新展览 IP 和品牌，整合博物馆儿童教育资源，让展览、教育、宣传、文创互通互融，力图共创多元一体、密不可分的博物馆教育教学体系。我们以儿童展览为载体，创新"展览 +"模式，塑造一个亲切友好的博物馆形象，在实践中不断增强博物馆展览工作的整体关联性，让博物馆与儿童双向赋能，助力博物馆连接儿童和社会，综合打造全方位、高质量、可持续的儿童展览品牌。

三、群策群力，办好全新展览

（一）从儿童视角出发

策展团队以儿童及亲子家庭为目标人群，以文物为载体，以文化传播为核心，力图打造一个儿童看得懂、记得住、讲得出的儿童主题展。为孩子搭建科学、合理、舒适的互动体验空间和学习平台，让厚重的历史文化"破圈"流行起来。

图1-15　核心展品：伏鸟
双尾青铜虎

1.以儿童为本

　　儿童展览的宗旨是以儿童为本。瑞士心理学家皮亚杰的儿童思维发展理论将儿童在不同年龄段的学习内容和方式划分为感知运动阶段、前运算阶段、具体运算阶段和形式运算阶段。儿童展览受众群体的年龄跨度较大。针对小学阶段的受众，应体现趣味性和故事性；针对初中阶段的受众，需突出实践性和体验性；针对高中阶段的受众，则要重视探索性和研究性。因此，在展览主题、表达方式以及内容阐释的深度等方面，我们会根据不同阶段儿童的认知规律来进行设计。儿童展览的建构遵循分众教育理念，针对不同阶段的儿童，按照儿童心理学、儿童教育学的规律来组织策划，展览主题、展品选择、展览逻辑和形式设计都要充分考虑儿童的思维方式和思考水平。"小鸟虎儿童主题展"选取新干大洋洲商墓出土的代表性文物及核心展品伏鸟双尾青铜虎（图1-15），重点展示兽面纹青铜胄、活环羽人玉佩饰等"小鸟虎的朋友圈"，组合展示其他

图1-16 展览运用趣味元素与活泼色彩（组图）

颇具代表性的虎造型文物，综合运用辅助展品，强化展览内容信息的传导和阐释，展教一体空间集社会教育、艺术创作、互动休闲、文创展销于一体，为儿童提供巩固知识、创新实践及社交互动的多元化平台。

　　展览强调儿童在展览中探索新知的经历和获得新知的体验，采用启发式问句作为单元标题，兼具趣味性与启发性，引导儿童主动构思、想象和创造。展览语言生动活泼、通俗风趣，在儿童易于阅读、理解并产生代入感的同时，融入文化知识与价值观教育主题，突出展览的思想性、教育性和艺术性，达到展教育人的目的。展品陈列高度、互动装置尊重儿童人体工程学，遵循"就低不就高"原则。展厅空间设计和色彩氛围营造符合儿童的审美特点及其对色彩的感知与喜好，易于激发儿童的好奇心与求知欲，提高观展的参与性与趣味性（图1-16）。利用藏品展示三千年前的历史场景，通过布展方式让儿童"身临其境"感受历史，增强历史教育的直观性，培养孩子的历史思维和历史意识，提高文物在历史教育方面的影响力。展厅的环境设计满足儿童身心成长要求，互动设施采用软包、倒圆角等设计，材料安全无毒。

图1-17 "小赣将"志愿者
招募现场（组图）

2.儿童参与

展览策划全程以儿童为中心。我们邀请儿童参与展览的方方面面和每一个环节，全程参与儿童博物馆计划的展览策划、艺术作品征集、开幕活动、展览讲解，以及教育活动策划与实施、课程及读本研发等各项工作，为博物馆提供儿童视角的创想与见解。

我们在全省范围内选拔来自不同学校、不同年级的热爱博物馆的优秀小志愿者，共同组成"小赣将"志愿者团队（图1-17）。小志愿者年龄跨度为7—15岁，其中，7—8 岁占 40%，9—10 岁占 40%，11 岁及以上占 20%。小志愿者通过招募报名、面试筛选、系统专业的博物馆知识培训和考核后才能上岗实习，并且需要积累一定的服务时长才能正式成为小志愿者团队的一员。"小赣将"志愿者们利用法定节假日及寒暑假空余时间，为儿童展览提供志愿讲解服务。

儿童展览因小志愿者们的参与而更加契合儿童的需求，同时，博物馆也为孩子们提供锻炼和展示的平台。丰富的资源、系统的训练、大量的实践，让孩子们在参与博物馆工作的过程中潜移默化地学习、互动。加入小志愿者团队，可以结识一群志同道合的小伙伴，收获一段与众不同的学习体验，获得社会实践及志愿者证明；还可以成为博物馆文化的受益者和传播者，讲好中国故事，坚定文化自信，树立民族自信心和民族自豪感。"小赣将"队伍中既有经验丰富的"资深老手"，也有初出茅庐、思维活跃的"入门新兵"，通过严格的招募培训和丰富的实践活动，让展览与孩子互相成就，成为博物馆里一道温馨亮丽的风景线。

3.儿童专属

策展团队以馆藏文物伏鸟双尾青铜虎为原型，创造 IP 形象——小鸟虎(图1-18)，以小鸟虎的第一人称进行展览叙事，讲述它的前世今生和"朋友圈"。以专属 IP 形象为线索趣味解读文物故事，将枯燥乏味的文物知识转化为生动有趣的体验，把生动有趣的体验升华为对文化内涵的深刻感悟，让儿童在提升感知力的同时专注于历史文化，在增强代入感与互动感的同时亲近展览。希望在这个新媒体时代，通过更富冲击力和印象性的视觉语言，讲述沉寂的文物背后的故事，让博物馆里的文物"活起来"，通过艺术表现力与视觉刺激，为观众提供丰厚的精神滋养。

陈列在博物馆中的文物有时像是记忆的容器，等待人们去解读和挖掘藏在它背后的那些历史故事。我们希望通过新潮活泼、包含时下流行元素的 IP 形象和引人入胜的藏品故事，来讲述独具江西特色的历史文化演变过程，带领大家感受文物的温度，探寻中华文化的精神本源。

图1-18 小鸟虎IP形象

　　我们精心打造专属于"小鸟虎儿童主题展"的配套知识读本，并通过知识拓展模块和互动体验模块扩充知识，让阅读更加生动有趣。将展览浓缩到读本之中，以小鸟虎的视角解读展览。按照展览的顺序，将读本分为"大揭秘""大发现"和"大创想"三个部分，突出趣味性和故事性、实践性和体验性，同时又不失探索性和研究性。

（二）从出陈易新切入

　　"小鸟虎儿童主题展"给2022年博物馆展览注入了勃勃生机。展览在注重历史性、科技性的同时，兼顾趣味性和艺术性，是文物信息传递和趣味性共存的一个综合性儿童主题展览，既保证了文物展示的庄重性，又融入了儿童主题的活泼性。围绕重点文物打造核心亮点，精准、趣味传递展览信息，从出陈易新的角度切入，多维度解读展览和文物信息，点燃儿童好奇与求知的火花。

1.打破常规，提供儿童展览设计创新思路

以文物为原型打造憨萌可爱的小鸟虎 IP 形象，利用藏品开展教育教学，配合读本对展览进行深度解读，展厅空间环境适应儿童需求，融入艺术展示区与教学创作区。

坚持儿童视角。让儿童参与展览全过程，从策划会、艺术作品征集、展览推介与讲解到教育活动的策划与实施，每个环节都有他们的身影；采用启发式问句作为展览单元标题，引发孩子主动思考；展品陈列、互动装置尊重儿童人体工程学；展厅色彩采用砂岩红、赤炎紫、森林绿渐变色，符合儿童对色彩的感知与喜好。

突出博物馆属性。发挥博物馆独有的资源和阵地优势，紧紧围绕核心展品伏鸟双尾青铜虎，讲述它的出土修复历程，介绍江西新干大洋洲商墓，展现青铜文化与虎文化。在兼顾活泼形式的同时突出历史文化内涵，由点及面，由浅入深，由学至思。

趣味解读文物故事。以小鸟虎的第一人称讲述它的前世今生，增添展览的故事性与趣味性；用通俗风趣的语言代替晦涩的考古术语，带领孩子们加入"小鸟虎探险队"，结识小鸟虎的好朋友们，开启神秘虎国的历险；打造展览专属读本，孩子们可以在知识拓展和互动体验模块中化身小小修复家、小小考古学家和小小设计师（图 1-19）。

打造展教一体空间。"神笔来画虎""请把我的纹饰带回家""小鸟虎漂流瓶"等展厅互动体验，让孩子们在乐中学，在学中悟；展厅专设虎主题儿童艺术作品区、现场绘画创作区、《爱虎行动》公益片小剧场和"小鸟虎杂货铺"文创售卖区。

图1-19 "小鸟虎儿童主题展"展览读本

2.从儿童视角出发，打造馆校融合特色教育品牌

近年来，国家针对中小学教育不断出台政策措施，教育部印发了《关于做好中小学生课后服务工作的指导意见》，中共中央、国务院印发了《关于进一步减轻义务教育阶段学生作业负担和校外培训负担的意见》等文件。

为响应国家号召，充分落实《关于利用博物馆资源开展中小学教育教学的意见》《关于推进博物馆改革发展的指导意见》等相关政策，最大限度地发挥博物馆的社会教育职能，丰富中小学生的历史知识并增强其文化自信，在国家"双减"政策的指导下，我们在展期内推出了"小鸟虎校园馆""小鸟虎小课堂""小鸟虎夏令营"和"小鸟虎爱心屋"等主题社教活动。在"三点半博物馆"课后服务项目中融入"了不起的小鸟虎"主题系列课堂，让儿童展览真正走进校园，成为校园中的"博物馆一角"。此外，我们开发"虎伢子说江西"博物馆特色课程，面向四至七年级研发系列线上、线下课程，并配套编写出版《虎伢子说江西》博物馆特色读本，与学校开展长期深入合作，将"虎伢子说江西"系列课程作为中小学的常态化博物馆课程，在线上线下全方位推广。以儿童展览为载体和契机，继续深化馆校合作，与学校、教师共商共建共享，建立馆校常态化合作，打造一个"核心产品＋辅助产品"教育品牌体系。

3.以人为本，服务社会公益与教育公平

江西省博物馆与江西省残疾人联合会以及省内部分特殊学校进行多次合作，举办手语讲解、温暖社教等活动。在儿童展览策划过程中，我们参考专业人士建议，打造无障碍展览，专设语音导览、盲文触摸台，为特殊儿童定制教育活动，让残障儿童亲近展览。

我们还将展览融入"历史教室"数字化社会教育项目和"与希望同行"乡村振兴服务。"历史教室"是江西省博物馆在 2019 年为中小学生量身定制、服务于江

西历史文化遗产传播的项目，首次以数字化的手段完整呈现了最能代表江西形象、体现江西特色的文化符号，是一款适合现代少年儿童体验的博物馆创新数字产品。"与希望同行"是江西省博物馆专为江西文化人才专项及乡村振兴推出的公益社教服务，走进江西省内乡村学校、希望小学开展博物馆特色课程，助力乡村振兴。江西省博物馆秉承"无边界"课程理念，积极拓展课程场域，创新课程开发模式，将儿童展览与公益教育、关怀服务紧密结合，让博物馆教育资源更广泛地扩散至乡县学校、特殊学校，探索更具普惠性的博物馆社会教育机制。

4.创意赋能，激发文旅融合发展新动能

打造儿童友好文创产品。推出多款主题文创产品，将文创售卖区融入展厅，营造博物馆消费新场景。在激发消费新活力、吸引眼球的同时，以小鸟虎为主题的系列文创产品作为彰显江西地域文化特色和承载文化基因的最佳载体，让观众将一份独特的文化记忆带回家。

以小鸟虎IP形象为基础，研发特色文创产品，让观众通过文创产品来感受历史文化。数字文创首次以IP形象进行系列创作设计，在微信上线小鸟虎表情包，让文物"活起来"。率先上线江西省博物馆"天工坊"文创直播平台，扩展展览服务外延，创新文创推广模式，解锁博物馆新时代流量密码，在普及文化知识的同时吸引客流、促进消费，助推文旅高质量融合发展。

（三）以博物馆属性呈现

博物馆属性是博物馆儿童展览区别于其他游乐和教育机构儿童展览的根本属性。我们以馆藏为蓝本，在策划展览的过程中，既突出了儿童展览的创造性和趣味性，同时也强调了博物馆儿童展览的知识性和学术性。

我们充分运用博物馆独有的资源和阵地优势，积极将其优质丰富的各类资源转化为中小学教育资源。在策划儿童展览时坚守博物馆属性这一根本属性，在守正创新中，用传统文化涵养儿童展览，创新展览内容形式和各项"展览+"服务项目，开创"儿童视角 + 展教一体 + 趣味解读 + 多元延伸"的展览新模式，让展览"活起来"。

首先，展览从概念和规划、内容和形式等方面结合儿童认知发展理论，尊重儿童的独立自主意识，邀请儿童参与展览的各个环节，从儿童的角度提出策划方案，充分发挥儿童的主观能动性、创造力。其次，展览以讲故事的形式叙述文物故事，将有趣的情境和多维的感官体验整合到展览之中。结合展览配套读本、展览学习单和集章手册，儿童可以在有限的展厅空间内感受展览细节，进行深度学习。再次，结合展览主题创作 IP 形象，并以之为线索，趣味解读文物，将枯燥乏味的文物知识转化为生动有趣的体验，把生动有趣的体验升华为对文化内涵的深刻感悟，让儿童在提升感知力的同时专注于历史文化，在增强代入感与互动感的同时亲近展览。最后，以儿童展览为核心，配套推出教育、文创、宣传等外延服务项目，努力构建多元延伸的展览体系，充分发挥博物馆儿童展览的文化传播及教育作用。

童心席迹

Childlike Innocence and
Tiger Trace

寻虎
SEEKING
TIGERS

虎趣童心，踏上寻虎之旅

鸟虎儿童主题展

ildren's Exhibition of Double-tailed Bronze
Bird

　　展览面向 12 岁及以下儿童，契合壬寅虎年，以镇馆之宝伏鸟双尾青铜虎为核心展品，介绍文物基本信息及其出土和修复历程，介绍江西新干大洋洲商墓及其代表性文物，讲述青铜文化与虎文化，展示儿童艺术创作征集作品，设置互动体验区与文创售卖区。引导儿童了解文物历史价值、艺术价值与科学价值，感悟保护文物、保护动物、保护生态环境的重要性。

　　展览主题和逻辑充分考虑儿童的思维方式与认知能力，引导儿童在参观过程中主动构思、想象和创造。展览使用第一人称叙事，语言风格通俗风趣，科学严谨而不失亲切，以增强孩子观展的代入感与归属感。展览分为三部分，内容由点及面，由学至思，由输入到输出。第一部分"小鸟虎·大揭秘"聚焦核心展品伏鸟双尾青铜虎，介绍其年代、材质、外形、铸造方式等基本信息，讲述文物出土、修复的经过（图 2-1）；第二部分"小鸟虎·大发现"介绍江西新干大洋洲商墓及其代表性文物，以及与伏鸟双尾青铜虎同期出土的青铜器和玉器小伙伴，使观众了解中华传统虎文化（图 2-2）；第三部分"小鸟虎·大创想"展示虎主题儿童艺术创作征集作品，融入互动体验区和文创售卖区，打造新型展教一体空间（图 2-3）。

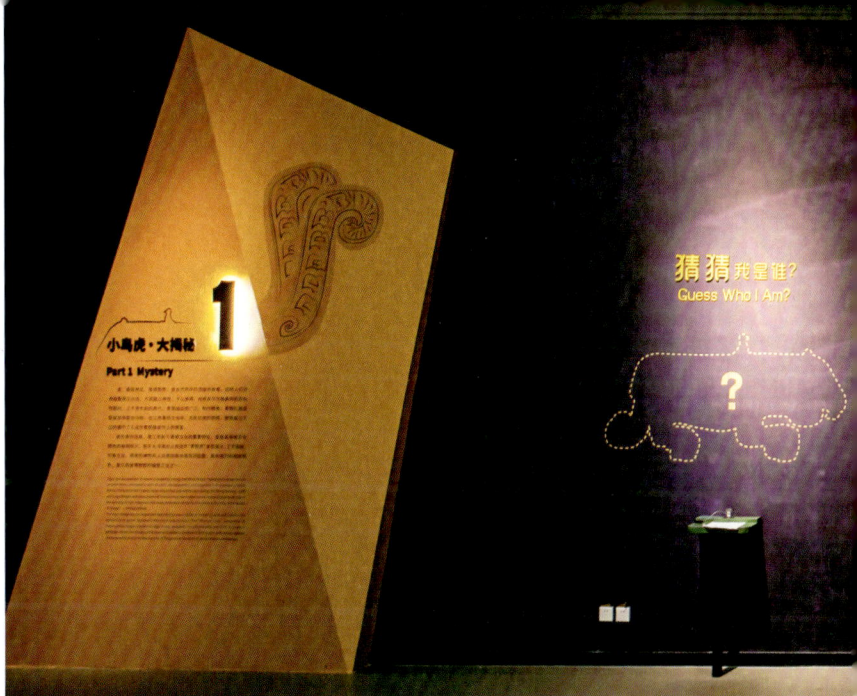

图2-1　展览第一部分（上）
图2-2　展览第二部分（中）
图2-3　展览第三部分（下）

　　1989年，一支铁锹掀开了神秘商代大墓的一角，唤醒了沉睡三千年的"青铜虎王"。这只体量巨大的"虎王"兼具勇猛霸气与伏鸟柔情，诡秘形貌与威仪神性并显，外展动静相宜的栩栩身姿，内蕴古朴细腻的精工巧技。它是现实与想象的造物，是科技与艺术的融合，是物质与精神的相通，是文明与历史的见证。恰逢壬寅虎年，我们特邀镇馆之宝伏鸟双尾青铜虎化身为憨态可掬的小鸟虎，坐镇"小鸟虎儿童主题展"。虎年话虎，从虎出发，揭秘青铜虎背后的神秘国度，探寻江西与虎的不解之缘。

一、小鸟虎·大揭秘

　　第一部分分为三个单元，从儿童视角出发，以启发式问句作为单元标题，"猜猜我是谁？""我从哪里来？""我如何诞生？"（图2-4）三个问题带孩子们穿越到三千多年前的商代。那时，青铜器应用广泛，制作精美。青铜礼器造型装饰多取自动物，在江西青铜文化中，先民对虎的崇拜使得威力无边的兽中之王成为青铜器装饰上的"常客"。虎形象的运用是江西青铜文化的重要特征，是极具地域文化特色的鲜明标识。新干大洋洲出土的这件伏鸟双尾青铜虎体型庞大，工艺细腻，形象生动，将虎的神性和人对虎的崇尚表现到极致，具有强烈的地域特色，是当之无愧的镇馆之宝。

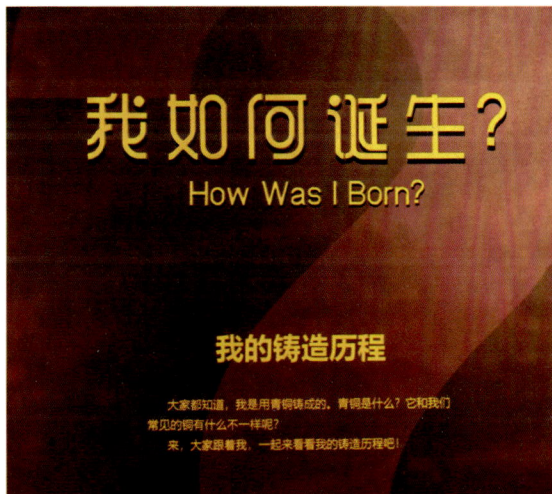

图2-4 展览单元标题及单元内容介绍

（一）猜猜我是谁?

　　本单元介绍了伏鸟双尾青铜虎的造型和纹饰等文物基本信息。伏鸟双尾青铜虎身高25.5厘米，体长53.5厘米，体宽13.0厘米，重6.2千克；圆眸竖耳虎视眈眈，尖牙利爪克敌制胜，健硕的身躯让它威震四野，卷曲双尾更添奇异色彩，背伏小鸟尽显猛虎柔情；形似虎尊，却内部中空，腹底不联，造型奇特，外表显露威武、勇猛的神情，内中则藏匿诡谲、仙逸的神气。它不仅是目前存世最大的先秦青铜虎，是"虎之王者""群虎之魂"，还是商代青铜艺术的辉煌之作，其罕见的双尾造型亘古未有，所以它便有了一个形象可爱的昵称——小鸟虎。

图2-5　展览序厅

　　展厅序厅以砂岩红为色彩基调，结合洞穴的造型打造神秘感（图2-5），洞口处设计了一个30秒的小鸟虎剪影背投动态影像，激发孩子们探险的动力和好奇心，地面的虎爪投影引导参观路线。穿过神秘山洞，伏鸟双尾青铜虎静静地在中心展柜内守望着大家，观众可以围绕在"虎王"的四周，欣赏商代青铜精湛的制作技艺，感受"虎王"的霸气与伏鸟柔情。

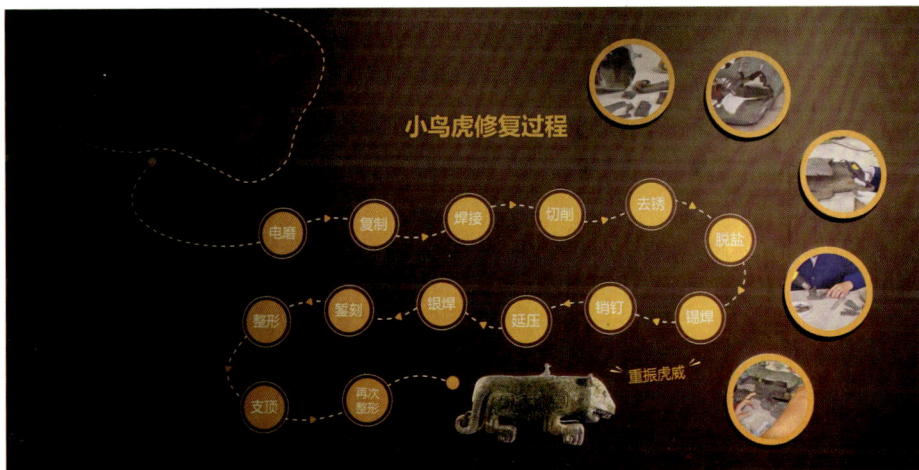

图2-6　小鸟虎修复过程

（二）我从哪里来？

　　本单元介绍了文物伏鸟双尾青铜虎的出土和修复历程。在这个单元，小鸟虎告诉大家，它来自三千多年前的商代，金属的开采、冶炼和加工工艺是推动人类社会向前发展的伟大发明，中国古代成熟的冶铸技术，向世人展现出青铜时代的辉煌成就。小鸟虎再次与大家见面，是在一个稍显闷热的初秋（1989 年 9 月）。当时，江西省文物考古研究所发掘队正在位于江西新干县大洋洲乡程家村的涝背沙洲上有条不紊地进行着发掘工作。

　　为了更生动形象地介绍伏鸟双尾青铜虎的修复过程（图2-6），我们设计了一个互动展项——"老馆长讲虎牙的故事"，向孩子们讲述小鸟虎和它丢失的那颗虎牙

图2-7　留言墙

时隔六年"重聚"的故事。观众可以通过"小小修复家"的七巧板拼图，体验小鸟虎的修复过程，在留言墙上还可以和小伙伴们分享这只小鸟为什么站在虎背上（图2-7）。

展览秉承人文关怀的理念，将展厅教育与特殊教育相结合，打造动手、动眼和动心的沉浸式展览。展厅专设语音导览和"与我零距离"文物青铜仿制品触摸台（图2-8）。我们会邀请孩子们共同讨论，以了解这件文物背后的故事，同时也让残障儿童通过触摸小鸟虎的复制品，感受这件文物独特的造型和精美的纹饰，激发其对展品背后知识的探索欲，让他们亲近展览，感受展览的温度，建立与展览、展品的联系。

图2-8　"与我零距离"文物青铜仿制品触摸台

（三）我如何诞生？

　　这一单元主要介绍小鸟虎的铸造过程和精美纹饰。核心文物伏鸟双尾青铜虎的制作材质是一种红铜和锡或铅的合金，也是人类冶铸出的第一种合金。它的硬度比红铜高，熔点比红铜低，具有更好的铸造性能，一经发明，很快便盛行起来。青铜器的铸造方法主要有块范法和失蜡法，而小鸟虎正是以泥范块范法铸造而成的。

　　小鸟虎的脸部和腹部饰卷云纹，背部饰云雷纹，鼻、脊、尾以及腿下饰变形鳞纹，腿上则为醒目的雷纹。阴刻的纹样线条深细、流畅，印证了当时高超的青铜铸造工艺水平（图2-9）。

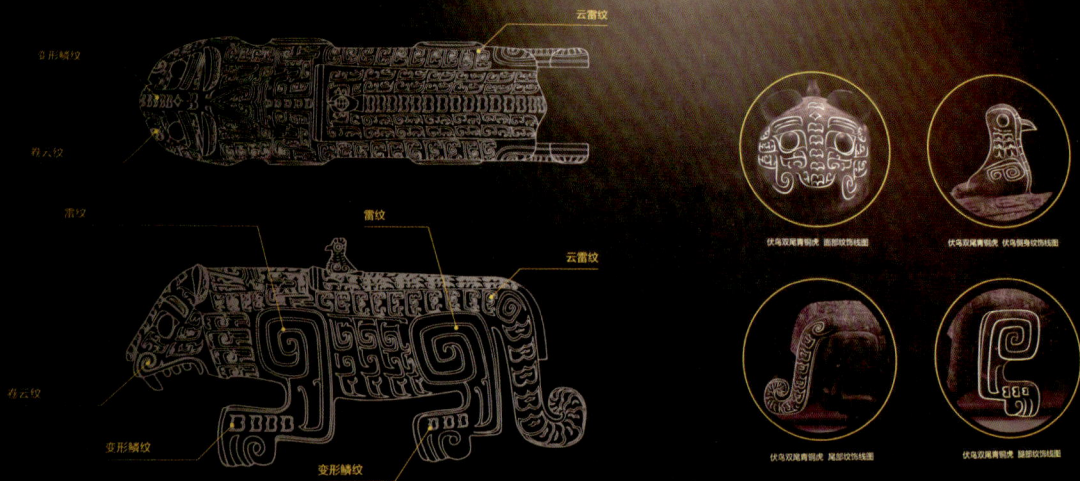

图2-9　小鸟虎的花纹

二、小鸟虎·大发现

　　第二部分分为三个单元："集合！小鸟虎探险队""探秘！青铜王国的虎"和"发现！千姿百态的虎"。在这个部分，小鸟虎集结了一支神秘的探险队伍，出发探秘遥远的三千多年前的新干大洋洲商代大墓。少年儿童们结识"小鸟虎探险队"的其他成员，一起走进赣江流域古老的虎方国，探寻虎背后的秘密，还可以去发现历朝历代那些千姿百态的虎。

（一）集合！小鸟虎探险队

是什么样的一群人，铸造出了伏鸟双尾青铜虎这样神奇精美的青铜器，创造出如此昌盛辉煌的文明呢？愉快的旅程需要朋友的陪伴，小鸟虎带我们先回到1989年新干大洋洲商墓的发掘现场，从新干大洋洲涝背沙洲下神秘宝藏的重新面世，到科学考古发掘工作的有序推进，直到最后大墓被揭开神秘的面纱，向我们展示了丘陵绵亘起伏、河湖港汊交错的赣江流域，勤劳而智慧的江西先民在这里繁衍生息，创造出宏伟灿烂的文明。

在出土的青铜器和玉器中，有不少和伏鸟双尾青铜虎一样，以世间美妙生灵为装饰的器物（图2-10）。它们造型生动，纹样精细，既是当时社会生产力发展面貌的实物例证，也映射着先民独具一格的艺术审美。小鸟虎的青铜伙伴们主要分为礼器、乐器、兵器、工具及杂器五大类，大多铸造精美，形制古朴，造型多样，纹样富丽。有神秘诡谲的双面神人青铜头像、肃穆威严的目雷纹方内青铜钺，还有兽面纹青铜胄。小鸟虎的玉器伙伴们除玉制品外，也包含水晶、绿松石、叶蜡石等宝石制品，主要分为礼器、仪仗器、饰品和其他四大类。这些玉制品精巧莹润，精雕细琢，有造型生动的活环羽人玉佩饰，还有活灵活现的绿松石蛙和绿松石蝉。

（二）探秘！青铜王国的虎

新干大洋洲商代大墓出土的丰富文物，为我们拨开了远古王国的迷雾一角。相信细心的大家一定会发现，小鸟虎的小伙伴们身上也有着许多虎形象。为什么铸造它的人们对虎有着如此偏爱？虎在当时有什么特殊的意义？紧紧跟上"小鸟虎探险队"，一起走进古老的虎方国，探寻虎背后的秘密！

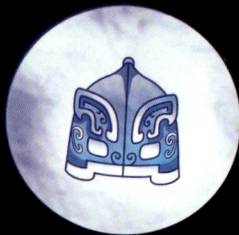

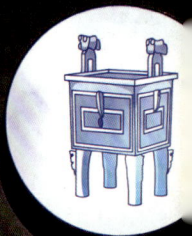

蝉纹玉琮 (cóng)

商（约公元前1600—前1046年）
通高7厘米、射高0.5厘米、射径8.4厘米
1989年江西省新干县大洋洲遗址出土

玉鱼形饰

商代（约公元前1600—前1046年）
长5厘米、中宽1.5厘米、孔径0.7厘米、厚0.7厘米
1989年江西省新干县大洋洲遗址出土

绿松石蝉

商代（约公元前1600—前1046年）
通长4.6厘米、宽2厘米、高1.5厘米
1989年江西省新干县大洋洲遗址出土

玉器伙伴

小鸟虎的玉器伙伴们除玉制品外，也包
含水晶、绿松石、叶蜡石等宝石制品，主要
分为礼器、仪仗器、饰品和其他四大类，精
巧莹润，精雕细琢，品貌端庄。

蝉纹圆形玉饰

绿松石蛙

活环羽人玉佩饰

图2-10 "小鸟虎的朋友圈"

新干大洋洲商墓出土的随葬遗物数量众多，种类繁杂，形制各异，共出土文物 1374 件（颗），包括青铜器 475 件，玉器 754 件（颗）、陶、硬陶、原始瓷器 139 件，骨器 6 件，朱砂一堆。其中有国宝级文物 5 件，国家一级文物 23 件。

在出土的青铜器和玉器中，有不少如"小鸟虎"一样，以世间美妙生灵为装饰的器物。它们造型生动，纹样精细，既是当时社会生产力发展面貌的例证，也映射着先民独具一格的艺术审美。

羊首青铜罍（léi）

商代（约公元前1600～前1046年）
口径40.7厘米
新干...

目雷纹方内青铜钺（yuè）

商代（约公元前1600～前1046年）
通高35.2厘米、宽20.1厘米、重6千克
1989年江西省新干县大洋洲遗址出土

青铜伙伴

小鸟虎的青铜伙伴们主要分为礼器、乐器、兵器、工具及杂器五大类，大多铸造精美，形制古朴，造型多样，纹样富丽。

商代
（约公元前1600～前1046年）
宽21.2厘米、高16.5厘米
厚0.3厘米、重13.56千克
1989年江西省新干县
大洋洲遗址出土

羊角兽面

兽面纹鹿耳四足青铜甗（yǎn）

双面神人青铜头像

这只青铜双尾虎

图2-11　视频解读神秘的虎方国

　　早在两百多万年前，虎的身影就已经出现在中国大地上。人类自古"与虎为邻"，互相争夺着生存的空间与资源。在或胜或败的斗争中，人们对虎既心生畏惧，也不禁羡慕敬仰，将虎看作强大与威严的象征，甚至将其尊为神灵，奉为图腾，予以崇拜。虎的形象广泛应用于政治、军事、艺术等多个领域，也出现在众多青铜器具上。新干大洋洲商墓出土遗物中，有大量可能用于祭祀活动的青铜礼器，其中，10 余件青铜鼎的立耳或鼎足上雕有虎形装饰，3 件青铜戈的内部弯曲成虎首形，共装饰着大大小小 53 只老虎形象，有生动写实的立体雕虎形，有多用于扁足鼎鼎腿的透雕虎形，也有造型独特的线刻虎形。虎形象作为新干大洋洲商墓出土青铜礼器的主题装饰图案频繁现身，必定有着非同一般的意义。在中原地区商王朝的甲骨文中，曾记载着一个古老国家——虎方国（图 2-11）。它位于商王朝以南，商王武丁还曾出兵征伐此国。因此，这个存在于赣江流域的古老国家与新干牛城遗址、樟树吴城遗址，或许同属一支古老的文明。

（三）发现！千姿百态的虎

古人的崇虎观念早在新石器时代便显露端倪，到了商代，虎形象在各式各样的青铜器上大展身姿，各自呈现出截然不同的面貌。青铜器中的虎造型创意无限、内涵丰富，成为后世难以企及的虎文化艺术瑰宝，彰显着中华民族的英勇气概。

在江西之外，也有不少尚虎爱虎的人留下了许多与虎有关的精美作品。小鸟虎邀请小朋友们成为寻虎大侦探，去发现历朝历代那些千姿百态的虎造型文物。展览通过图文展示了河南濮阳西水坡遗址蚌塑龙虎墓、鎏金铜卧虎、杜虎符、"虎威将军章"白文兽钮铜方印、高句丽四神壁画之白虎、青白玉螭虎纹爵杯等"千姿百态的虎"。

三、小鸟虎·大创想

第三部分展示了100余幅虎主题儿童艺术创作征集作品，设置了互动体验区以及文创售卖区，为孩子量身定制展教一体空间。在"神笔来画虎"项目中创作心目中的小鸟虎，在"请把我的纹饰带回家"项目中用双手拓出小鸟虎身上各种精美的纹饰（图2-12），在"小鸟虎漂流瓶"中写下对小鸟虎的悄悄话（图2-13），观看《爱虎行动》公益片等体验让孩子们在乐中学、在学中悟。"旅程"的最后，孩子们可以勇敢探索童心童趣的奇幻世界。这里有充满创意的艺术长廊、充满奇思妙想的创作天地，还有琳琅满目的文创精品。大家还可以一起动手创作，互动游戏，在五光十色的世界里拥抱天真无邪！

图2-12　"请把我的纹饰带回家"项目（组图）

图2-13　"小鸟虎漂流瓶"

童心虎迹

Childlike Innocence and
Tiger Trace

铆足虎劲，深耕创想之种

展览从策划到落地，是一个不断遭遇问题、攻克难关的过程，也是一个不断迸发创意、发现惊喜的过程。在全馆的通力支持下，策展团队铆足虎劲，全力以赴，将小小的创想之种培育为一棵枝繁叶茂的大树。

一、展览缘起：来一场说干就干的策展

（一）创想的种子

1.儿童友好的痛点

随着"文博热"的日渐升温与"双减"政策的逐步落实，越来越多的孩子在家长和老师的引领下走进博物馆。他们在文物的环绕下倾听历史的回声，感知文明的脉搏，为博物馆增添了一抹鲜活的色彩。展柜前那些好奇张望的小小身影，在令人不禁会心一笑的同时，也暴露出了江西省博物馆在儿童友好方面存在的一些问题。

　　馆内大部分展览都是面向成年观众设计的，展柜和展板均适配成年人身高，展览内容也需要观众拥有一定的阅读能力，部分专业性较强的展览甚至需要观众具有相应的学术素养。然而，适合成年人的展览未必适合儿童，有时还可能会对儿童观展造成阻碍，最为突出的三点便是环境的不适配、内容的不适宜和释展的难到位。

　　对于孩子，尤其是 12 岁以下儿童而言，展厅里展柜和展板位置过高，加之展厅光线较暗，令孩子们"只可仰望，难以近观"。面向成年人的展览，图文内容专业性过强，孩子们没有兴趣也难以理解。一些孩子对文博、历史有浓厚兴趣，他们在观展过程中往往会产生许多疑问，家长通常无法给出令他们满意的解答。而展厅人工讲解场次有限，语音导览不能实时答疑，孩子们经常获取不到自己想要了解的信息。展览的直观性本是其区别于其他教育形式的重要特征，而一旦令孩子们感到难以接近，直观性大打折扣，就容易给他们留下严肃刻板、枯燥乏味的印象，久而久之，他们对博物馆的好奇与热情将逐渐消退。

　　2021 年是江西省博物馆新馆开放的第二年，新的馆舍、新的展览、新的活动，吸引了大批观众涌入。其中，未成年观众数量约占全年参观观众总数的 35.4%，未成年观众数量较 2020 年增长了 82.2%。在少年儿童对博物馆需求激增的同时，没兴趣、看不清、看不懂仍是阻碍博物馆与儿童拉近距离的"老大难"问题。如何改变博物馆在孩子心中的枯燥印象，激发他们对博物馆的好奇心，让他们对博物馆感兴趣？如何为儿童提供一个更受尊重、更舒适、更亲切的参观体验，营造适宜儿童参观的博物馆整体环境与氛围？如何让他们能够看懂展览，感受到收获知识的快乐，而不仅仅是在展厅中懵懂盲目地走马观花，或抱着一大堆难解的疑问扫兴而归？面对博物馆儿童参观的新形势与新需求，对博物馆儿童友好与儿童教育工作进行顶层设计和针对性规划势在必行。

2.博物馆的儿童友好探索

为了寻找灵感，我们广泛搜集了当代国内外博物馆针对儿童教育的诸多举措，以了解其他博物馆的做法，尝试通过成功案例开拓思路。随着博物馆事业的繁荣发展，博物馆类型愈发丰富多元，分类方法也多种多样。一般而言，博物馆可分为历史博物馆、艺术博物馆、科学博物馆、综合博物馆和其他，一些科技馆、水族馆、动物园、植物园、天文馆、档案馆等也可被纳入博物馆的范畴。我国的博物馆主要分为综合性博物馆、纪念性博物馆和专门性博物馆三大类，《中国大百科全书·文物　博物馆》一书认为，可以按照博物馆展示的主要题材和内容，将博物馆分为历史类、艺术类、科学与技术类、综合类这四种类型。随着科技进步与博物馆定义的转变，也出现了虚拟博物馆、社区博物馆、遗址公园博物馆等诸多形式。不同类型的博物馆在藏品征集、展览设计和教育活动策划上往往有着不同的思路。

当下走在儿童友好和儿童教育领域最前端的，当属儿童博物馆。儿童博物馆是专门为儿童及家庭亲子活动设计的博物馆，主题以科学、艺术、探索、发现等为主，重视启蒙与科普，展览、展品和教育活动都更加突出操作性与互动性，允许儿童在参观过程中直接接触或摆弄展品，鼓励孩子动手操作，从而充分满足孩子的好奇心与探索欲，丰富儿童的知识，也更适合孩子释放活泼的天性。儿童博物馆所有展览和体验活动的首要对象群体就是儿童，因此不必过多地顾及观众群体的多样性，可以专注于满足儿童需求，也更容易做到儿童友好与寓教于乐。

与儿童博物馆相似的还有自然博物馆和科技馆。自然博物馆与儿童博物馆不同，其面向的观众群体包含了各个年龄段。比起历史类博物馆、艺术类博物馆等，自然博物馆更多是以知识普及为主，展示主题以自然生态等为主，展品大多是动植物、矿物的标本和模型，展厅可操作的展项相对偏少，但常会营造一定的自然场景，使得展览更加鲜活且更具亲和力，在博物馆里的学习也更富趣味性与探索性，不仅孩子非常喜欢，在成年人之中也广受好评。在我国的博物馆界定与分类体系中，科技馆通常不被纳入博物馆范畴，但其与儿童博物馆、自然博物馆有许多相似之处。科技馆作为公益性科普教育机构，重视通过参与、体验、互动达到激发科学兴趣、启迪科学观念的教育目的。多样化的参观体验和大量简明易懂的科普说明，使得儿童对科技馆接受度更高，许多家长也愿意带着孩子参观科技馆。

随着国家对博物馆儿童教育的重视与支持，越来越多的综合性博物馆、专门性博物馆以及纪念馆也开始了探索与尝试。有的利用馆内可规划空间打造专门的儿童活动区，有的在周末、夜间等课余时段推出多种教育活动，有的联动场馆所在区域内的学校开展馆外活动，与教师共同研发馆校课程及配套图书，甚至开发儿童剧等演艺节目。种种举措形式多样、操作灵活，一些博物馆的创新做法在一段时间的施行后已经颇见成效。

3.寻找突破点

针对"完善博物馆儿童教育机制，构建儿童友好型博物馆"这个课题，江西省博物馆馆长带领各部门展开了多次研讨，提出了多个可供尝试的方向。江西省博物馆是一座综合性博物馆，馆内空间规划与固定陈列已基本成型，无法像儿童博物馆、自然博物馆、科技馆一样在设计之初就兼顾儿童观展环境，也很难在现有的基本陈列上做文章。但自然博物馆、科技馆等场馆在互动展项的融入、沉浸感的营造、主动探索的引导等方面都十分值得学习。参考各博物馆的成功经验，大家提出了不少想法，比如：可以在已有展览或今后的临时展览中增加儿童交互设计，契合展览内容设计一些可以动手的趣味游戏；可以设计青少年版讲解词，根据各学龄段少年儿童的知识储备和理解能力进行展览解读；可以全面厘清馆内现有的儿童社教活动，进一步丰富课程内容，形成完整体系；可以考虑规划出一个儿童专区，用于亲子休闲活动；等等。

这些提案各有千秋，实际落地时都有可为之处。然而，一方面，这些措施针对性较弱，难以解决儿童观展面临的痛点问题；另一方面，这些做法有着许多可供借鉴的先例，缺乏创新，如果只是按部就班地推进实施，没有能够让人眼前一亮的闪光之处，将来难免落入窠臼。我们想要找到一个更加一发破的、让人耳目一新的突破点。

究其根本，要做到儿童友好，让儿童喜爱博物馆，就要倾听儿童的想法，尊重儿童的需要，重视儿童的感受，由此营造适宜儿童的环境，丰富儿童的参与和体验，提供适合儿童的服务。而对于一座博物馆而言，最为核心与根本的服务就是展览。尽管如今博物馆文化活动种类愈发丰富，但展览仍然是博物馆与观众交流对话的首要方式，是博物馆实现社会教育功能的主要途径，是一座博物馆不可或缺的核心产品。青少年走进博物馆，不是为了单纯的玩耍和娱乐，首要的目的还是参观展览，通过展览开阔视野，感受文化艺术的熏陶。好的展览拥有强大的延展性，可以将公众服务、教育、宣传、文旅等综合串联起来，成为博物馆儿童服务供给的一个原点、一条主线。

历数江西省博物馆建馆七十余年以来的所有展览，仅有三个展览与少年儿童相关，分别是开展于 2000 年的"为了孩子——防止青少年犯罪展"、2001年的"江西省少儿书画展"和 2003 年的"迎春少儿书画展"。这三个展览虽然都含有"青少年""少儿"等关键词，主要内容仍是向家长及社会普及青少年法治教育，以及向公众展示少儿艺术创作成果，并不能算是以少年儿童为观展主要群体的展览。也就是说，江西省博物馆还从来没有推出过一个真正意义上的面向儿童的展览。

"做一个专属于孩子的展览！"这个念头像一粒种子落在我们心中，萌动着稚嫩的芽尖。

2021 年 11 月，这场关于博物馆儿童教育提升计划的探讨终于告一段落。

经过数次会议讨论，在仔细研究展览可行性后，我们最终决定以展览为切入点迈出第一步，开始一场"说干就干的策展"，推出一个专为孩子量身定制的临时展览。展览的开展时间定在 2022 年的六一国际儿童节当天，希望它能够成为一份博物馆送给孩子们的惊喜大礼。

（二）独特的园丁

1.策展团队，全新构建

灵光乍现的点子和破土萌芽的想法，引领着我们踏入了一个不曾探寻过的未知领域。从未做过的全新展览，从未接触过的全新主题，让人不禁摩拳擦掌，跃跃欲试。要将一颗稚嫩的种子培养长大，少不了园丁的悉心呵护；要让这个全新的想法落地成为实际可观的展览，也少不了策展团队的策划打磨。

江西省博物馆推出的展览一直以来都是由相关职能部门进行策展设计与施工制作的，在新馆筹备建设的过程中，馆内各部门的职能也进一步细化，分工更为合理。目前，主要负责展览相关工作的部门共有三个：一是策划交流部，负责展览及展厅使用规划的制定和基本陈列、专题陈列、临时展览的组织策划及内容设计，以及展览资料的整理、归档，馆内展览相关图书的编撰工作；此外，策划交流部还是江西省博物馆对外交流的一个重要窗口部门，承担着与国内及国际其他博物馆或机构间的合作交流工作，负责引进他馆的优秀展览。二是展览设计部，主要负责各个展览项目的形式设计、展厅施工、展览维护等工作，并与策划交流部共同组织布展、撤展工作。三是藏品保管部，主要负责保障馆藏文物、标本、资料等藏品及库房的科学管理，组织、协调文物、标本、资料等的日常征集工作，并承担馆藏文物及主题展览赴外展出的布展、撤展等工作。

图3-1　江西省博物馆项目负责制架构

　　新馆开放后，江西省博物馆在传统的部门职能分工之外，开始探索项目负责制（图3-1），希望以此调动职工参与博物馆建设发展的积极性，进一步创新博物馆工作方式。考虑到策展相关部门原定展览计划已趋近饱和，且本次儿童展览计划拟定及实施的时间十分紧迫，还需要摆脱以往的策展思路进行全面创新，江西省博物馆决定以项目负责制的方式组建一个新的儿童展览策展团队，专门负责策划儿童展览。

　　在经过自主报名和会议讨论之后，由馆长担任负责人主持整个项目，由一名副馆长承担展览规划、监制和统筹工作，由人力资源部副主任自荐担任主策展人，由展览设计部主任负责策展、形式设计深化及布展相关事项，并在各部门召集了一批思维活跃、行动力强、策展热情高的职工参与展览大纲及内容形式的设计工作。这个全新组建的策展团队吸纳了各部门实干人才，他们专业能力过硬，职能分工明确，在展览内容策划、展览形式设计、行政流程规划、财

图3-2　儿童展览策展团队组建并召开第一次讨论会

务预算把控、教育活动设计、文创产品研发等方面均有专人负责。团队中履历丰富
的策展老手担任着领军人物，是队伍的"定海神针"，能够在策划过程中提供清晰
的规划和专业的意见，成为展览顺利落地的可靠保障；第一次参与策展活动的全新
面孔则有着完全区别于传统策展的视角，能够跳出原有框架贡献崭新的思路，成为
策展团队的"创新大脑"（图3-2）。

2.儿童策展，童心出发

　　这个展览的定位是专属于孩子的展览，从儿童视角出发进行策展是我们要贯
彻始终的重点思想。然而，成年人的思考方式和关注重点与孩子有很大差别，由成
年人组成的策展团队应当以怎样的方式实现展览的儿童视角呢？在学习儿童教育理
论、开展儿童需求调研的同时，我们想到了一个更为直接的方法：让孩子直接参与
策展。

要想让儿童参与到策展过程之中，我们需要解决两个问题：哪些孩子参与？以怎样的形式参与？针对第一个问题，我们想到了几种方式。其一，社会招募，通过博物馆运营的媒体平台发布招募信息，面向全社会吸引有兴趣的孩子报名参加。其二，校园选拔，江西省博物馆与南昌市内多所中小学建立了亲密的合作共建关系，可以通过校园渠道招募选拔或由教师推荐合适的学生参与。其三，志愿者选拔，江西省博物馆有一支较为成熟的小志愿者团队，可以从中选拔合适的人选参与。针对第二个问题，我们基于"要么不做，要么做好"的想法，计划让孩子们深度参与主题选择、大纲编写、形式设计，甚至讲解词编写、社会教育活动策划、文创产品设计等每一个环节，希望孩子们能够打开思路、积极表达，充分发挥出他们独有的优势与特长，让展览更富童心童趣。

考虑到从策展到开展仅有半年左右的时间，策展时间十分紧张，如果进行社会招募或校园选拔，从程序设计、对接沟通到人选确定需要一段较长的时间，我们没有充裕的时间对完全不了解博物馆工作的孩子进行培训引导，他们将难以顺利融入团队并参与工作，最终可能会让儿童参与流于形式，流于表面。综合考虑多方面因素，我们把目光放在了更加熟悉博物馆的孩子们身上，计划从馆内的小志愿者中挑选出一批"精兵强将"作为儿童展览策展团队的特别顾问。小志愿者长期在馆内开展志愿服务工作，对江西省博物馆有较深的了解，在讲解、社教等活动中积累了较为丰富的经验，也拥有充分的博物馆专业知识、充足的志愿服务时间和高昂的志愿服务热情。我们相信，他们有足够的能力胜任这份特殊的工作。

在征求小志愿者本人及其家长的意见之后，我们在志愿者团队内部开展了报名征集与遴选，最终选拔出一支精锐队伍——"小赣将"。这是一支由5—15岁青少年组成的小志愿者团队，他们之中年纪最小的从五六岁开始"持证上岗"，资历最久的已经在馆内开展志愿服务长达五年以上。"小赣将"们将本着"奉献、友爱、互助、进步"的志愿者精神，积极参与从策展到讲解、宣传

图3-3　"小赣将"参与策展

的整个流程（图3-3），与策展团队共同打造这个属于他们自己的展览，并通过这次经验获得成长。在此次展览结束后，"小赣将"这个志愿者团队也将长期保留下来，深入参与更多博物馆工作，活跃在博物馆的每个角落，成为江西省博物馆的一道独特风景。

3.援军集结，群策群力

　　全新构建的策展团队是展览的"主力军"，精心选拔的"小赣将"们是展览的"奇袭部队"，而为了让展览和配套活动更加丰富精彩，我们还请到了各部门"援军"的全力协助。策划交流部和展览设计部为团队提供了许多建设性指导，藏品保管部对展品选择提出了宝贵的建议。信息资料部承担着馆内公共图书、报纸杂志和音像资料的采购、典藏、借阅等工作，并为馆内外业务、学术研究提供信息服务，他们与策展团队一同搜集到了大量可供参考的研究资料，打牢了展览的学术基础。开放教育部承担着观众接待讲解、志愿者管理培训、社会公众教育活动、举办流动展览等工作，他们接过了展览讲解和教育活动的策划与实施的接力棒，走在释展与社教落实的第一线。运营着全馆八个自媒体、统筹全馆活动宣传及品牌传播的宣传推广部，积极协助团队安排好从展览预热到线上释展等一系列推广工作。负责文化创意研发与经营的文化创意部专门为展览打造了系列文创产品，让文物和展览能够走出博物馆，走进大家的生活。

可以说，这个儿童展览是集全馆之力打造出的年度精品，也是对江西省博物馆各职能部门工作水平和服务质量的一次挑战与考验。在所有人的共同努力下，这个特别的儿童展览从灵光乍现的想法、初创草设的框架，一步一步走向枝繁叶茂、羽翼渐丰，成为江西省博物馆儿童博物馆计划的起点和骨干，成为一个可持续发展的江西省博物馆特色品牌。

二、内容设计：讲一段别开生面的故事

（一）展览选题

策展团队成员基本确定后，展览策划就紧锣密鼓地开始了。在明确了展览的定位后，我们开始着手进行总体设计。总体设计工作的首要任务是确定展览的选题，如果在没有明确选题的前提下就开展内容设计和形式设计，无异于进行一场漫无目的的海上漂流。

我们最初从博物馆和展览自身的性质出发去探讨选题的方向。江西省博物

馆是综合性博物馆，相较于展览选题比较固定的纪念性博物馆和专门性博物馆，拥有更为广阔的选题范围。一座博物馆每年可能会开放数个甚至数十个展览，基本陈列和临时展览因其不同的性质也有着不同的特点。基本陈列是博物馆中最基础的陈列展览，有着更大的展出体量、更充足的展览经费、以年计的展出时长，以及更加稳定的主题、展品和内容。基本陈列选题大多紧紧围绕着这座博物馆的主题和性质，如地区博物馆的基本陈列多展现当地历史变迁与人文地理特色，人物纪念馆基本陈列多围绕该人物生平，历史事件纪念馆基本陈列多紧扣该事件发展始末。比起基本陈列，临时展览的规模更小，展出时长更短，从数天到数个月不等，其选题更为丰富多元，展品选择更加自由，内容结构和设计形式也更为灵活，有着很强的可塑性。

　　我们要做的儿童展览是一个临时展览，它可以是历史类展览，可以是艺术展览，可以是自然类展览，也可以是科技展览；既可以展现悠久岁月中古人的智慧成就，也可以回忆战火纷飞中无数英烈的勇毅抗争，还可以呈现当代生活里日新月异的发展变化。古今中外，各类选题多如繁星，这代表着展览将拥有更多样的选择和更丰富的可能性，但选项的增多同时也意味着选择难度的增大，寻找并确定一个合适的选题宛如大海捞针，我们要逐步明确目标，考虑清楚展览究竟要做成什么样、要达成什么效果，才能缩小范围，找到最满意的答案（图3-4）。

图3-4　儿童展览的多样性

1.突出博物馆属性的展览

在初期的选题建议征集中，我们考虑过将它办成可以由前来观展的孩子自行创作的儿童艺术展，或者做成馆内基本陈列"江西古代历史文化展"的青少年精简版，又或结合馆内正在筹备的自然类基本陈列举办一个自然标本展，甚至考虑使用 VR、AR、APP 等相关设备打造一个沉浸式体验的数字互动展。这些想法中，数字互动展因技术条件和经费预算限制，只能算作一个美好的期许。其他几类展览都具有切实的可实施性，但都不够特别。单纯的美术展、手工装置展、摄影展等，博物馆可以做，美术馆也可以做，这些现代艺术类展览确实经常出现在博物馆临时展览规划之中，在临展选题中占据着不容忽视的一席，能彰显出博物馆的广博性与多元性，却淡化了博物馆特有的氛围。馆内现有的自然类展览展品多为动物标本，对孩子们来说有较强的吸引力，但必然不如动物园来得真实鲜活。这是江西省博物馆推出的第一个儿童展览，我们希望它是一个能够彰显博物馆特征的展览，在一定程度上展现出独一无二的个性，甚至是一个只能由博物馆来做的展览。

博物馆展览有别于其他场馆的最突出的特色，当属文物藏品，其蕴藏着深厚的历史文化底蕴。做一个历史类展览或文物展览似乎是最能体现博物馆特色的选择，然而馆内现有的大多数展览都围绕文物和历史做文章，历史、文物类展览是临展体系中占比最大的类别。我们可以说它有着最突出的博物馆属性，也可以说它遵循常规，最无新意。我们既想要通过文物突出博物馆属性，又不是要做一个普通展览的青少年版，而是要把它做出创新、做出趣味，这是一个非常值得进一步探索的课题。

2.满足儿童需求的展览

既然是为儿童定制的展览,那么儿童的观展需求理应是展览选题的重要参考。

来到博物馆的孩子们究竟对什么感兴趣？他们想在博物馆看到什么，体验什么？怎样的展览才是他们真正喜欢的展览？这些问题的答案，并不是坐在办公室、会议室里闷头苦思就能找到的。

在展览策划前期，我们通过问卷调查的形式初步了解了孩子们的观展需求。调查主要面向12岁及以下适龄儿童，以小学生为主，借助馆校合作活动以及"小赣将"的力量，在校园内发放线下问卷，还通过江西省博物馆的微信公众号发布线上问卷。调查结果显示：孩子们对历史、自然和艺术题材都很感兴趣，想要了解博物馆里的文物，尤其是文物的外观、纹饰以及文物的来历；他们希望看到实物展品，甚至直接触摸展品，乐于从展览中学到新知识，也希望拥有模拟场景等沉浸式体验，还希望有互动项目，以及动画、视频等多媒体项目。

问卷调查虽然并不能直接帮助我们选定某个主题，但为选题方向以及展览具体内容的构思提供了十分重要的依据。它让我们更加坚定了以文物藏品和历史文化为展览主题的初衷，还为我们带来了一丝启发：既然孩子们对文物的造型与纹饰抱有强烈的好奇心，那么我们完全可以尝试将文物展与艺术展结合起来，让文物成为孩子们艺术创作的灵感来源，通过艺术创作巩固他们对于文物知识的理解记忆。

3.彰显江西特色的展览

参考孩子们的兴趣方向，我们开始寻找具体的展览主题。我们打造儿童展览，是为了满足儿童观展的精神文化需求，也是为了让孩子们更加了解我国源远流长、辉煌灿烂的文化，增强孩子们的民族认同感与文化自信心。与此同时，江西省博物馆是江西省的文化会客厅，我们希望能通过展览展现赣鄱大地上独具特色的文化，让江西的孩子们更加了解自己的家乡，也让外省前来游览的观众更加了解江西文化，因此我们首先将目光放在了那些能够代表江西文明的文化符号上。

论及江西的文化符号，第一个浮现在脑海中的一定是瓷器。其实除了瓷器以外，还有许多奇珍瑰宝，在漫漫赣鄱文明史中闪烁着耀眼的光芒。以新干大洋洲出土文物为代表的青铜文化，树起了中华文明史的一座高峰；以景德镇御窑为代表的陶瓷文化，成就了中国陶瓷最辉煌的篇章；以白鹿洞书院为代表的书院文化，描绘出"朝士半江西"的盛世画卷；以革命旧址和红色可移动文物为代表的红色文化，造就了一座"没有围墙的红色博物馆"。这些都是赣鄱大地鲜明文化符号的典型代表。江西省博物馆是全省藏品最多的博物馆，汇集了江西各地的珍贵历史文物和古代艺术精品，一件件珍贵的文物串起了一部江西物质文化史，勾画出赣鄱文明的发展脉络，实证了古老而生动的中华文明，成为孩子们触摸历史、感知文明的最佳媒介。

在江西省博物馆数以万计的文物藏品之中，最具特色也最有代表性的，就是青铜器、陶瓷器、书画文物和革命文物，我们以这四类馆藏文物为切入点，寻找合适的选题。考虑到这是第一次推出儿童展览，比起正规的学习教育，我们更想通过展览引起儿童对博物馆的兴趣，打破其固有的枯燥印象，因此需要将展览氛围打造得更加活泼。传统书画鉴赏有一定的专业难度，革命历史和爱国教育的严肃性也并不十分适合轻松欢快的氛围，因此我们将选择的重点放在了青铜器和陶瓷器两大类之中。

4.适逢其会的决定

为了保障选题确定后展览能顺利落地，我们在缩小选题范围之后进行了第一轮较为粗略的资料整理，以江西青铜文明和江西陶瓷文化为重点，盘点相关馆藏文物资源，梳理相应领域的考古发掘与学术研究成果，比较不同主题在其可展出文物数量、相关学术资料丰富性等方面的差异。此外，我们还在小志愿者中开展了一次小范围的意向调查。在对这两类主题都有了一定了解后，我们发现两者都很适合做成儿童展览，可以展出的文物资源都十分丰富，相关研究资料也都较为充实，孩子们对这两类主题的兴趣程度也不相上下。策展团队展开了多次头脑风暴讨论，次次"战况激烈"，关于展览设计的创意想法层出不穷，却仍然在两类选题之间举棋不定，一时陷入僵局。

新一年的到来成了敲定选题的契机。时间已经来到 12 月，博物馆各部门都在为迎接 2022 年进行着紧张筹备。新年伊始即将推出的虎年生肖展、配合媒体宣传进行的馆藏虎造型文物盘点、针对新春开展的活动策划会，声势渐起的壬寅虎年宣传让一件文物进入了我们的视野。

伏鸟双尾青铜虎，它是目前存世最大的先秦时期青铜虎，是江西省博物馆的镇馆之宝之一，也是新干大洋洲商墓最具辨识度的出土文物之一。独特的造型、精美的纹饰、高超的技术、神秘的用途及其背后隐藏的充满谜团的江南青铜王国，从多方面印证着它极高的历史价值、艺术价值和科学价值。伏鸟双尾青铜虎既有独特且引人注目的外貌，又有深厚而典型的文化内涵，还有一段波澜起伏的发掘修复经历，由它出发可以找到许多值得讲述的故事，又正好与壬寅虎年相契合，非常适合作为儿童展览的选题。

适逢其会，这个契机解决了当时策划团队最犹豫不决的问题，最终我们确定了展览的具体选题：围绕虎这一主题，以馆藏文物伏鸟双尾青铜虎为重点，打造一个展示青铜文明与虎文化的儿童展览，在其中适当融入艺术创作板块，并融入更多适合儿童的互动展项。

当然，在做了诸多前期工作之后，我们也没有完全放弃陶瓷这个经典选题，如果第一期儿童展览能够取得较好的反响，就在后续以陶瓷文化为主题推出儿童展览的第二期，将这个特色系列延续下去。

图3-5 内容主创人员收集整理资料

（二）大纲设计

1.打牢地基好建房

　　敲定展览选题之后，展览大纲的编写也被正式提上日程。写展览大纲就像建房子，要打牢结实的地基，建造合理的框架筋骨，踏实地搭好每一砖、每一瓦，并为其增色添彩。资料汇编就好比展览大纲这座房子的地基。磨刀不误砍柴工，在动笔之前做好最基础的资料收集与汇编（图3-5），充实我们的专业知识储备，加深对展览选题相关内容的理解，才能让大纲编写过程更加顺利，事半功倍。

　　伏鸟双尾青铜虎出土自新干大洋洲商墓。1989 年 9 月 20 日，江西省新干县大洋洲乡的农民在当地沙洲取沙时，意外挖出了 10 余件青铜器，有关部门得

图3-6　新干大洋洲商墓遗址远景[1]

到消息后立即采取了保卫措施，并及时通知了当时正在附近一处名为牛头城遗址的商代遗址进行发掘的考古工作队。相关工作人员走村串户奔波忙碌，17件青铜器和大量文物碎片得以追回。次日，考古工作队抵达沙洲（图3-6），着手进行小范围的试掘，并得出推断：这是一处极为重要的古代文化遗存。

　　随后，一场会议紧急召开，最终做出数个决定：立即上报国家文物局，请示保护和发掘事宜；在文物出土点附近划定40米×60米范围，围筑篱笆，并指定干警和民兵日夜轮值守护；组建一支高质量发掘队伍，开展严格的科学考古发掘。正式的发掘工作从1989年11月6日开始，直到12月4日结束。新干大洋洲商墓如同一座深埋地下的"宝库"，在不到40平方米的范围内，出土文物千余件，包括青铜器475件、玉器754件（颗）、陶器和原始瓷器139件，经鉴定后认定国宝

图3-7　新干大洋洲商代大墓青铜器出土情况（组图）[2]

级文物5件、国家一级文物23件。墓中出土的青铜器尤其引人注目，其数量之多、品类之全、造型之奇、纹饰之美、铸工之精，不仅为长江中下游之冠，在全国也颇为罕见，伏鸟双尾青铜虎、双面神人青铜头像、兽面纹鹿耳四足青铜甗等珍品就出自其中，每一件都有堪称"中华之最"的重要价值。有趣的是，墓中出土的青铜器上出现了许多或为虎形或以虎为纹饰的器物，大大小小共计53只虎。虎似乎是当时的一种图腾或标识，将这里与众不同的文化展现在世人眼前（图3-7）。

图3-8　彭适凡先生（左）带领考古人员进行新干大洋洲商代大墓发掘工作[3]

　　新干大洋洲商墓的发现震惊中外，引起了全国乃至世界学术界的瞩目和重视。这是中国南方考古的一项重大突破，其意义不仅在于改写了江西历史和江南历史，更在于改写和丰富了中华民族古代文明史，将中国青铜文明和整个商代历史、文化研究推进到了一个新阶段。新干大洋洲商墓的发现获评"七五"期间全国十大考古发现、中国20世纪100项考古大发现、中国"百年百大考古发现"等。

　　新干大洋洲商墓是由江西省博物馆、江西省文物考古研究所、新干县博物馆等单位共同发掘的。现在的江西省博物馆并没有专门负责考古发掘工作的部门，但在20世纪，江西省博物馆一直在全省积极开展考古发掘工作，培养出了一支高素质的考古工作队伍。1980年，江西省博物馆考古队从江西省博物馆分出，另成立了江西省文物工作队，后又以此为基础成立了江西省文物考古研究所。1989年，时任江西省博物馆馆长的彭适凡先生兼任江西省文物工作队队长（图3-8），主持了当时新干大洋洲商墓的发掘工作。江西省博物馆有不少老同志也曾参与过这项工作，对该墓葬进行了深入的研究，留存了大量发掘资料及研究成果。

图3-9   彭适凡先生讲述发掘的幕后故事

　　亲历者近在身边，我们有条件从当事人处收集到一手资料，这无疑是一个不容错失的好机会。我们在对新干大洋洲商墓相关学术论文与出版著作进行整理的同时，也通过当年参与发掘的老同志的讲述，了解到许多相关幕后故事（图3-9），例如大洋洲当地至今仍广为流传的"宝藏"传说、制定保护发掘方案时大家的激烈争论与谨慎规划、争分夺秒赶赴省外邀请国家文物局副局长亲临指导时的紧张经历、文物运回省城过程中的一波三折、意外寻得伏鸟双尾虎缺失虎牙的奇遇故事。尽管并非所有资料都能在展览中有所体现，但这些生动的回忆极大地充实了展览资料，为文字艰涩的发掘报告增添了许多鲜活色彩，成为大纲编写时的珍贵宝藏。

2.建好框架稳思路

　　在如此充实的基础资料支持下，我们开始搭建"房屋的骨架"——展览大纲框架。大纲的框架会影响到整个展览叙事逻辑的完整性与合理性，指引着展览的整体方向与内容布局，对后续大纲内容编写工作起着纲领性作用。为避免发生展览大纲整体内容近乎完整后再返工修改框架这类"伤筋动骨"的情况，我们会在确定好展览的整体框架之后再进行下一步工作（图3-10、图3-11）。

　　框架的设计是一个需要反复琢磨、反复修改的过程，从最初的草案到最后的定稿，我们拟写了三版完全不同的大纲框架，每一版都有不同的表达目标和展示逻辑，可以呈现出完全不同的效果。

图3-10　内容设计团队正在讨论大纲框架（上）

图3-11　策展团队不断完善展览大纲（下）

| 01 | 第一部分从自然科普的角度介绍虎的生态 | | 02 | 第二部分讲述文学中出现的虎形象 |

01 第一部分从自然科普的角度介绍虎的生态

02 第二部分讲述文学中出现的虎形象

03 第三部分介绍江西本地的虎文化

04 第四部分展示与虎有关的艺术作品

05 第五部分讲述当前关于虎的保护情况

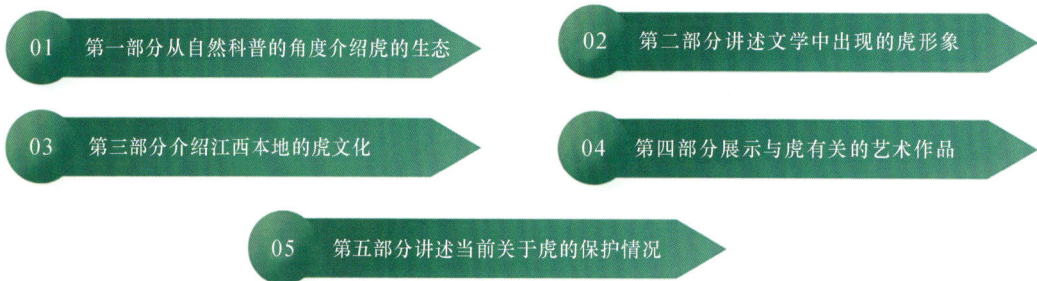

图3-12　第一版大纲框架

　　第一版框架的草案写在选题刚敲定的时候，除去前言和结语，一共设计了
五个部分。第一部分主要从自然科普的角度介绍虎的生态，以"虎从哪里来""虎
长什么样""虎如何生活"三个问题引导孩子了解自然界中老虎的生物起源与
演变，虎的亚种、变种情况与形态特征，以及虎的栖息环境、分布范围和生活习性。
第二部分主要讲述文学中出现的虎形象，分别介绍虎的汉字演变，展示与虎有
关的歇后语、民谚、成语，搜集与虎有关的经典诗词，展现诗词创作中的虎形象，
讲述神话传说、文学典故等经典名篇中关于虎的故事。通过单个语素（字词）、
连贯的诗句、成篇的文章，展现虎从自然生命到文学意象的塑造与应用。第三
部分主要介绍江西本地的虎文化，重点展示虎造型或含有虎形象的江西文物，
并通过江西本地与虎有关的文物、地名、传说、历史事件和传统习俗，展示和
阐释江西古代的虎崇拜与虎文化。第四部分主要展示与虎有关的艺术作品，分
类展示平面美术作品与立体艺术装置作品。第五部分则重点讲述当前关于虎的
保护情况，并设置多媒体互动、知识问答、"爱虎队"宣誓等体验环节（图3-12）。
　　这一版框架展示的主题更偏向虎本身，分别从自然界的虎、文学中的虎、
文化中的虎、艺术中的虎和虎的保护工作这五个方面进行展示，目的在于让孩

子们从不同角度和领域对虎有一个较为全面的了解。但这一版方案有一个明显的问题，就是缺乏核心主线。从整体上看，展览主题宽泛，缺少核心立足点，由此也导致各部分间关联性弱。同时，展厅面积对展览体量做出了限制，划分为五个部分将分割每个部分的内容，让展示内容驳杂，也会弱化博物馆特色与江西文化特色。实际试做时我们发现，许多部分的展示方式转换较受限制，相关展品和文物的搜集难度较大，最终呈现出的效果可能会非常凌乱。对于小学段的儿童而言，多而杂的展览内容、跳跃的叙事方式会消磨他们的注意力和好奇心，过大的信息量也让展览显得太具说教感，即使穿插互动体验内容，还是会容易让孩子的注意力转移至互动体验而非展览本身，难以达到展教育人、寓教于乐的目的。

　　在第一版框架的基础之上，我们修改出第二版框架，缩减了两个部分，并对各部分的功能划分进行了调整。第二版框架分为三个部分，第一部分以"寻找前世之旅"为线索设计观展路线，打造虎的栖息地之一的洞穴环境场景，并将虎的起源、分布、演化，汉字"虎"的演变过程，虎的神话故事、寓言故事、典故等内容刻于洞壁，通过营造神秘氛围和沉浸体验激发孩子们的求知欲望。在此基础上配合营造江西省博物馆的"神兽世界"，展示馆藏具有虎造型的文物，重点介绍伏鸟双尾青铜虎及与之相关的江西青铜文化。第二部分集中设置儿童作品展示区与互动装置，以密林为设计元素，将各种作品进行区域化分组排列设计，同时为孩子们设置预先勾勒线稿的填色区、空白的自由涂鸦墙、可配音的情景动画短片、积木拼装体验等互动，形成密林中寻虎的观感，营造欢快的互动空间，让孩子们在"寻找前世"的冒险旅程之后，有一个发挥想象和应用知识的空间，描绘出他们各自眼中的虎。第三部分以虎的保护为重点，以多媒体展项为核心，通过影片展示虎的生存现状，讲述当下我国野生虎保护工作的进展与成果，设置现场知识问答的闯关游戏，以巩固展览所学知识（图3-13）。

　　第二版框架仍旧以虎为重点，与第一版不同的是，这次的展览各部分主要依据展区功能进行划分，第一部分是知识板块，第二部分是艺术板块，第三部分为多媒

01	02	03
第一部分以"寻找前世之旅"展示馆藏具有虎造型的文物	第二部分集中设置创作展示区（征集的儿童作品）与互动装置	第三部分以虎的保护为重点，以多媒体展项为核心，通过影片展示虎的生存现状等

图3-13　第二版大纲框架

体板块，在展示内容上相比第一版有一定的精简。这样的结构初步形成了一种"学习—应用—反思"的认知路径，更易于儿童在观展时将注意力集中于当前展示的内容，也适当引导他们活学活用和探索思考。虽然第二版相比初版方案有所改进，但主题不鲜明、核心不突出、特色不明显等问题仍然存在。

　　经过数次集中讨论，我们认为应当改变已有的思路，对整个大纲进行一次完全重构，最终，我们形成了与前两版完全不同的第三版大纲。第三版大纲分为三个部分，第一部分"小鸟虎·大揭秘"以馆藏文物伏鸟双尾青铜虎为核心，详细介绍其名称、年代、外形、材质、纹饰等文物基本信息，说明伏鸟双尾青铜虎的铸造方式，详细讲述伏鸟双尾青铜虎从发掘到修复的全历程。第二部分"小鸟虎·大发现"则从伏鸟双尾青铜虎扩展至其出土地点新干大洋洲商墓，介绍这一江西重大考古发掘成果，展示该墓葬中出土的其他代表性文物，通过其中富含的虎形象特征，延伸展现赣江流域商代青铜文明中的虎崇拜与江西虎文化，再延伸至全国各地的虎文物与虎文化。第三部分"小鸟虎·大创想"集中展示

第一部分"小鸟虎·大揭秘"　　　　第二部分"小鸟虎·大发现"

第三部分"小鸟虎·大创想"

图3-14　第三版大纲框架

虎的艺术创作，设置互动体验区，并将文创售卖区融入展厅，打造一个孩子喜爱的多元空间（图3-14）。

　　第三版大纲重新明确了展览的主题，从之前较为宽泛的虎细化为实际存在的具体文物，将文物伏鸟双尾青铜虎作为展览的主角，处处围绕该文物进行拓展。在三个部分的排布上，第一部分聚焦于文物本身这一个"点"，在时间上进行纵向穿越，以文物为线索讲述古今故事。第二部分在横向上形成"新干大洋洲—赣江流域—全国"的地域延伸，从单件文物讲到特色文化，将"点"铺展成"面"。第三部分独立于前面的文物展示和知识介绍，采用第二版大纲中功能区划分的方式，打造儿童实践创新的专属空间，由此从单点聚焦到全景广角，与前两个部分共同达成从"认识与思考"到"实践与反馈"的学习过程。这一版大纲在内容上明确了展示核心，既凸显了主角文物，彰显了江西特色文化，又与中华传统文化进行了关联与整合，由小见大，由点及面，逻辑层次清晰有条理，既易于孩子自行观展理解，也便于讲解员和家长对展览进行解读指引。

3.添砖加瓦起层楼

在拥有了展览大纲框架这一适宜的"骨架"之后,展览整体面貌已经隐约可见。随后的工作便是将搜集而来的资料进行整理甄选,将其按照已经确定好的方向填入展览之中,让展览大纲丰满起来。在这一过程中,我们主要遭遇且需要克服的重难点问题有三个:语言的转化、趣味性的提升和记忆点的强化。

每一位观众在观展时都有自己的习惯和偏好,有些人乐于品味,只对文物本身感兴趣,而有的人乐于求知,更愿意了解文物背后的种种。成年人拥有一定的知识检索能力,往往可以自行判断观展需求,并通过博物馆提供的途径甚至自己拥有的其他途径去满足需求。在常规展览的大纲编撰中,为了将空间留给思考与感悟,我们往往不会在图文展板中对某件展品进行过多讲解,通篇文字精简扼要,只在涉及历史背景知识和文物考古工作的专业知识时才进行释义。而在这样一个专为孩子打造的展览中,我们的目的之一是孩子能独立观展并学有所得。因此我们决定大篇幅增加展览中的文字与图片,将常规展览中可能通过导览、讲解等其他途径讲述的内容全部放进展览中,并通过空间上的设计突出文物和创作互动,让想要深入了解文化知识的孩子能在展览中直接寻找答案,让喜欢观察文物、进行艺术创作的孩子能找到自己喜欢的观展方式,将满足需求的选择权交给孩子自己。

即使是在面向成年人的展览中,策展者也会尽可能用易于理解的语言来解释艰涩的专业术语,而作为一个面向儿童的展览,更应在语言的转化上下功夫。将专业术语转化为通俗易懂的语言并不是一件容易的事,即使是对于同一个事物或现象,视接受知识的对象不同,说明方式也会产生相应的变化。什么样的用词用语才能让孩子易于理解?哪些知识才能勾起孩子观展的兴趣?多长的文字才能让孩子阅读起来不易疲劳?这些都是我们在进行内容填充时不可忽视的问题。

　　为了让展览语言更适合儿童，我们认真研读了教育部统编版小学一年级至六年级的语文课本及教师教学用书，了解小学各年级学生普遍的阅读水平，同时参考市面上正规出版的小学适龄儿童绘本和科普书籍，学习更适合儿童阅读的语言表达风格。在实际编写过程中，我们尽可能地降低文字阅读难度，并将部分能用图片替代的内容改为图片说明，做到图文并茂；对于展览中出现的部分器物名称、纹饰名称等较为生僻又无法替代的汉字，我们直接在展板和文物说明牌上标注汉语拼音。在知识传播上，我们更侧重于基础历史文化和文物常识普及，对于一些成年人熟知而孩子未必了解的基础概念进行详细解释，对于较为简单的考古学知识进行简要的说明，对于一些更深入的考古学问题或仍处于研究中的未解之谜仅进行概括介绍，或以开放提问的形式引导儿童自主思考，并设置留言区域以便孩子们分享。

　　适宜的语言转化在一定程度上能够应对"如何让孩子易于理解"这个问题，让孩子"看得懂"，而如何能让孩子对展览更感兴趣，让孩子"喜欢看"，则是一个更大的难点。儿童展览大到主题选取、展厅设计、文物选择，小到细节装饰、阅读体验等环节，都要重视儿童的喜好。从展览大纲本身出发，大部分孩子喜欢观看文物，也喜欢可以动手体验的互动项目，而对于文字阅读本身兴趣并不浓厚，因此我们主要通过突出文物、增强互动操作性来激发孩子们的兴趣。关于文物遴选和互动项目的设计，我们在后文中专门用几个小节进行了说明。在和小志愿者们进行沟通时，我们发现有一部分小学高年级学生主动提出了"希望了解更多文物考古知识"的诉求，同时他们又希望通过比较有趣味的方式来满足这一诉求。因此在图文展板方面，我们不能因为大部分孩子对图文关注度低就敷衍了事或放弃不做，而是想要尽可能地满足有主动求知意愿的孩子的需求，同时也通过更生动活泼的展览叙事来吸引那些原本不愿意在展览中阅读文字的孩子。我们参考了儿童绘本中的一些形式，综合我们计划推出的 IP 形象，选用了在展览中很少见的第一人称叙事：以核心文物伏鸟双尾青铜虎为原型，塑造小鸟虎这个卡通人物形象，让小鸟虎成为展览的主角和文物的代言人，用它的口吻来介绍它自己，介绍它诞生的地方，讲述它和朋友们的故事，让它陪伴孩子们游览整个展厅。这种形式增添了阅读的乐趣，同时也用亲切俏皮的口吻拉近了文物和孩子的距离，让孩子们更乐于和文物"做朋友"。

站在博物馆的角度，我们在为孩子们营造轻松的观展环境的同时，也希望孩子们能够通过展览切切实实地学到新知识，在他们的脑海中留下一些文化的印痕，让他们在观展过程中感受到的是探索思考的乐趣，而不是被迫学习的压力。一般而言，年纪越小的孩子，注意力集中的时间越短暂。在小学阶段，学生注意力集中时间多为 10—20 分钟不等，少部分专注力较强的孩子可以持续集中注意力 30 分钟以上。我们很难要求孩子在观展过程中一直保持注意力集中，因此在展览的内容设计上也应注重叙事节奏，突出重点，详略得当，引导儿童将更多的注意力投注到重点强调的信息上，以此加深他们对展览核心内容的记忆，使他们在观展之后也能对展览中提到的重点文物和相关知识保有一定的认知。

（三）文物遴选

在整理好展览总体思路并确认展览的大方向之后，文物展品的遴选工作与大纲的内容填充同步进行。在展览大纲不断丰满的过程中，我们不断调整展出文物的数量与类型，也在基本确定展出文物清单之后，再次对展览大纲进行修改，以保证展出文物与展览内容的和谐统一。

在这个展览中，我们采用小而精的思路，展出的文物数量不多，但每一件都颇具代表性。其中，伏鸟双尾青铜虎是这个展览的"灵魂"，整个展览都围绕它展开（图 3-15）。

从它出发，我们在新干大洋洲商墓出土文物中挑选了兽面纹青铜胄、兽面纹提梁方腹青铜卣、兽面纹青铜温鼎、龟纹椭圆形青铜斝件。这几件文物与伏

图3-15　核心展品伏鸟双尾青铜虎高清细节（组图）

鸟双尾青铜虎同为青铜器，但器形不同，功能各异，各具特色，是新干大洋洲商墓出土青铜器中的精品。除青铜器外，新干大洋洲商墓出土文物中较有特色的还有玉器，我们展出了商代活环羽人玉佩饰，它采用活环掏雕工艺，反映了当时玉器雕琢的高超技艺，屈蹲羽人的造型也富有当地文化特征。同时展出的还有同具虎元素的虎形玉扁足、小巧精致的绿松石蝉、造型独特的鱼形玉饰。这些文物作为主角文物的好伙伴，在"小鸟虎的朋友圈"展区得到集中展示和介绍。为了让孩子们充分感受新干大洋洲商墓出土器物中虎造型的特殊性与丰富性，我们还精心挑选虎造型清晰、易于观察的兽面纹虎耳方形青铜鼎 1 件和虎耳虎形扁足青铜鼎 3 件，将它们同时展出在"千姿百态的虎"展区中，以大量虎造型的集中呈现为观众营造更加浓厚的"寻虎"氛围（图 3-16）。

为进一步彰显江西独特的虎文化，我们在信息资料部和藏品保管部的协助之下，通过完善的藏品数字化管理系统，筛选出 57 件含有虎元素的其他年代精品文物，并在逐一了解它们的保存状况、修复状况、展出可行性之后，从中挑选出造型逼真的清代黄釉虎、古朴灵动的宋代彩绘陶虎、精雕细琢的明代龙虎夺珠纹随形端砚 3 件文物作为代表性展品参展（图 3-17）。

在了解省内博物馆虎文物馆藏的时候，"博物江西——江西省可移动文物普查数据资源服务平台"为我们提供了极大的便利。这个平台是江西省博物馆在 2019 年时受江西省文化和旅游厅委托，根据国家文物局《关于推进第一次全国可移动文物普查数据公开共享的通知》精神，以江西省第一次全国可移动文物普查数字化成果为基础，整合全省 398 家收藏单位及其藏品、展览等文博资源，建成的省域博物馆大数据平台。它充分利用信息技术，整合全省的文博资源，容纳海量数据，能够为全省博物馆及公众用户提供网页端、手机端的线上服务。其中划分了藏品动态管理和公众服务系统，涵盖了全省文物资源线上展示、博物馆线上服务、博物馆业务提升以及资源利用四大业务领域，制作了全省文博资源一张图，实现了藏品动态登录管理，达成了文物信息互联互通。基于第

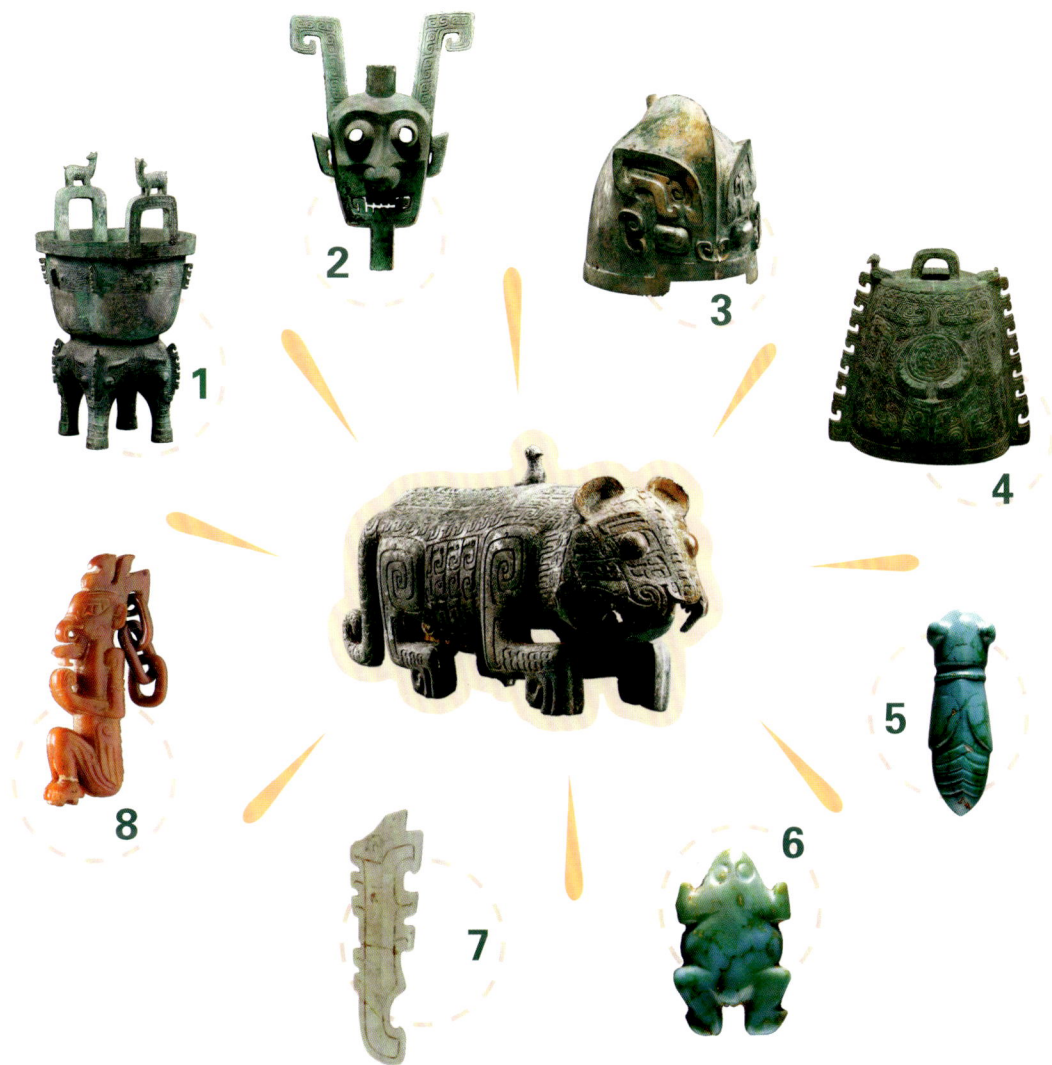

图3-16　独具代表性的展品

注：1为商代兽面纹鹿耳四足青铜甗，2为商代双面神人青铜头像，3为商代兽面纹青铜胄，4为商代兽面纹立鸟青铜镈，5为商代绿松石蝉，6为商代绿松石蛙，7为商代虎形玉扁足，8为商代活环羽人玉佩饰。

图3-17　江西独特的虎文化展品
注：从左至右依次是清代黄釉虎、明代龙虎夺珠纹随形端砚、宋代彩绘陶虎。

一次全国可移动文物普查统一标准，平台建设引入文物身份证号，汇集全省各地区各级收藏单位的各类文物信息，打破地域、馆际、行业的限制，全面掌握全省可移动文物资源并及时更新藏品增减，动态呈现收藏单位的文物信息资源。平台还通过对文物藏品的高清采集、360°环拍以及三维数据的获取，建立了完整的藏品数据库，以高清图片、环拍图片和三维模型等形式呈现，辅以文字或音频解说等多种展示形式，使用户能够更细致地观赏精品藏品的细节特征，获得全方位、多角度的观赏体验，既满足了公众线上体验虚拟展厅和欣赏三维藏品展示的需求，也方便策展人了解省内文物信息，为遴选参展文物提供了极大的便利。

　　在遴选文物的过程中，我们也发现了不少适合彰显本次展览主题的文物，但由于各种条件限制，这些文物不方便直接在展厅中进行实物展出。我们将这类文物的基础信息逐一记录，通过各种途径征得它们的高清照片，以图文展示的形式将其融入展览之中，进一步丰富了展览大纲。此外，为了满足孩子们"亲手触摸"的愿望，我们对核心文物伏鸟双尾青铜虎进行了等比例复制，并在展厅中专设触摸台，让孩子们能够零距离接触小鸟虎，清晰感受文物的每一个细节。

三、形式设计：建一个多元融合的空间

    "小鸟虎儿童主题展"定位为一个历史性、艺术性、趣味性和科技性并重的，文化信息传递和趣味性共存的综合性儿童主题展览。在形式设计之初，所有团队成员都在思考同一个问题：以一种怎样的形式去呈现，是探索型还是梦幻型？又或者多彩型？……内容组和形式组开始不断地进行思维碰撞，以展览大纲为基础，从空间、造型、色彩、灯光等各个方面去系统思考，寻找方向。如何以空间的转换和色彩的变化为儿童创造一个融知识性、趣味性和观赏性为一体的多元融合空间？如何从视觉上充分调动儿童的好奇心，为儿童带来多感官体验？如何在艺术表现上既保证文物展示的庄重性，还具备儿童主题形式及语言的活泼性？如何让儿童沉浸观展、爱上观展？这些对我们来说都是全新的挑战和探索。

（一）空间设计

1.空间的规划布置

    "小鸟虎儿童主题展"设置在江西省博物馆三层临时展厅，展厅面积约为1000平方米，层高4.5米。展览除第一、二部分为核心文物展示区外，还首次融入了第三部分的互动体验区和文创售卖区，这是一次多元融合空间的设计探索和挑战（图3-18）。

    在空间规划中，我们首先思考的是要为孩子们营造多感官的体验空间，要更有效地进行空间功能整合，这样才能促进观展活动的顺畅开展。我们尽可能地将寓教

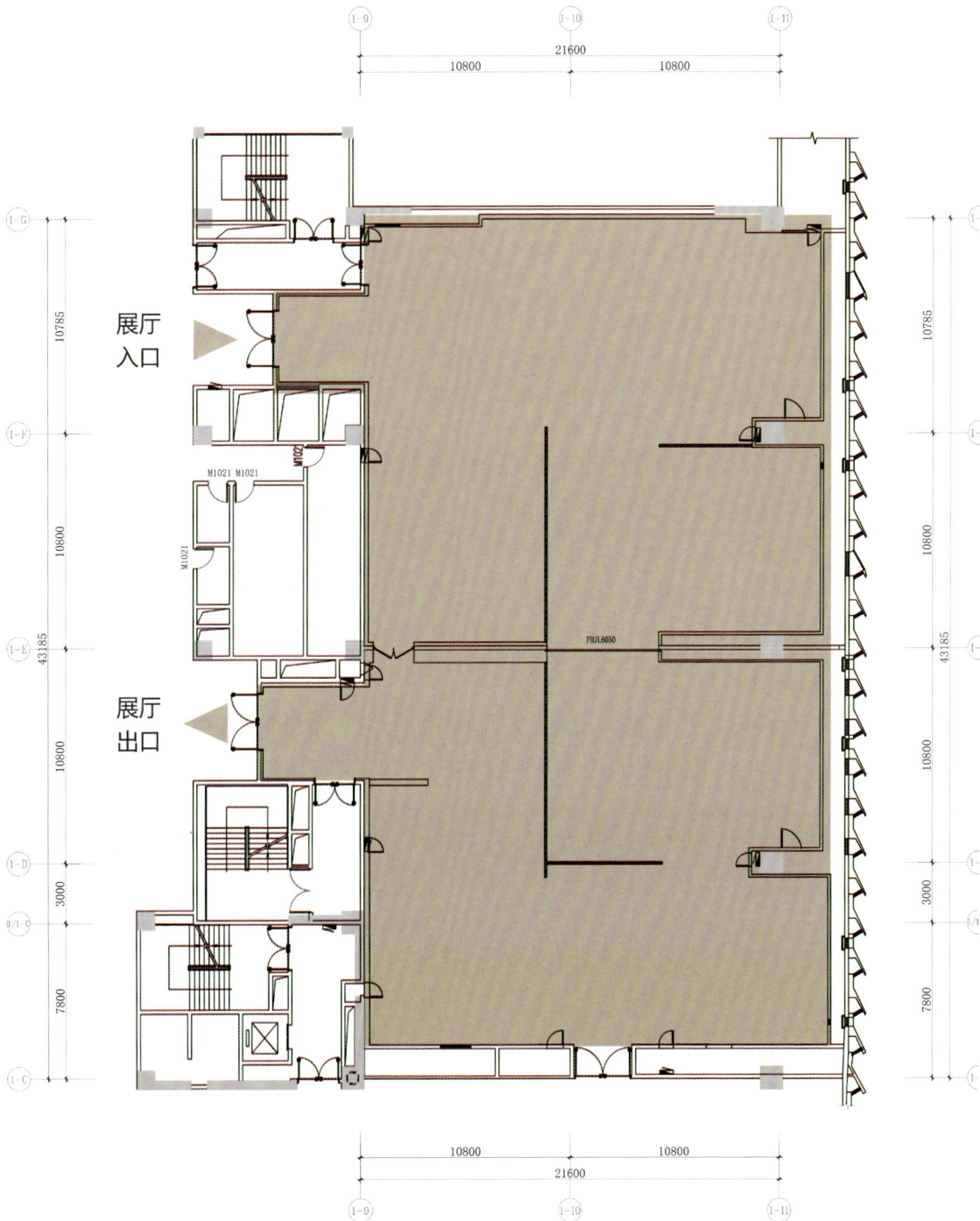

图3-18　展厅原始平面图

于乐的体验方式应用到位，注重文物的历史文化挖掘，呈现文化知识与趣味互动融合的状态。我们以儿童观众为观展主体，细致考虑展陈内容布局与儿童观众的观展动态空间，力求让他们在舒适、轻松的环境中观赏文物，注重非线性的叙事展线和自由空间，方便儿童及不同群体在不同角度和空间的移动观展。我们采用顺时针和环式双展线的布局方式，根据展览大纲的主次关系，对核心文物展区、互动体验区和文创售卖区等进行合理规划布置，做到整体展示空间动线舒适流畅（图3-19）。

从虎出发，从揭秘"小鸟虎"背后的神秘国度，到探寻江西与虎的不解之缘，我们结合文物展品、多媒体展项、艺术场景、互动项目等，将空间布局紧扣展览大纲核心内容，各部分之间衔接自然又富于变化。整体布局规划了充分的流动空间，以免参观时人员拥堵。此外，我们规划了中岛式艺术装置空间，以消解空间结构的平庸关系，使各个展项形成艺术装置群落。展览各个部分的空间既紧密相连，又具有一定的独立性，儿童可以根据自己的需求和喜好，选择性观读展览内容，也可以按照设计好的空间观展（图3-20）。

在空间规划上，我们注意到各部分之间的连续性，使其相互配合，共同发挥作用，达到和谐统一的效果。在这种混合式的展览体验空间中实现情境营造与意识的感知，是对儿童观展情绪和认知的一种设计探索。我们对整体的布局、功能以及结构等有明确的定位，根据实际的情况确定各个部分的具体位置，从而使其能够满足儿童求知、解密的观展需求。在对各部分内容和展项的空间布置上，我们保证其具有一定的独立性和完整性，避免了相互影响的现象。

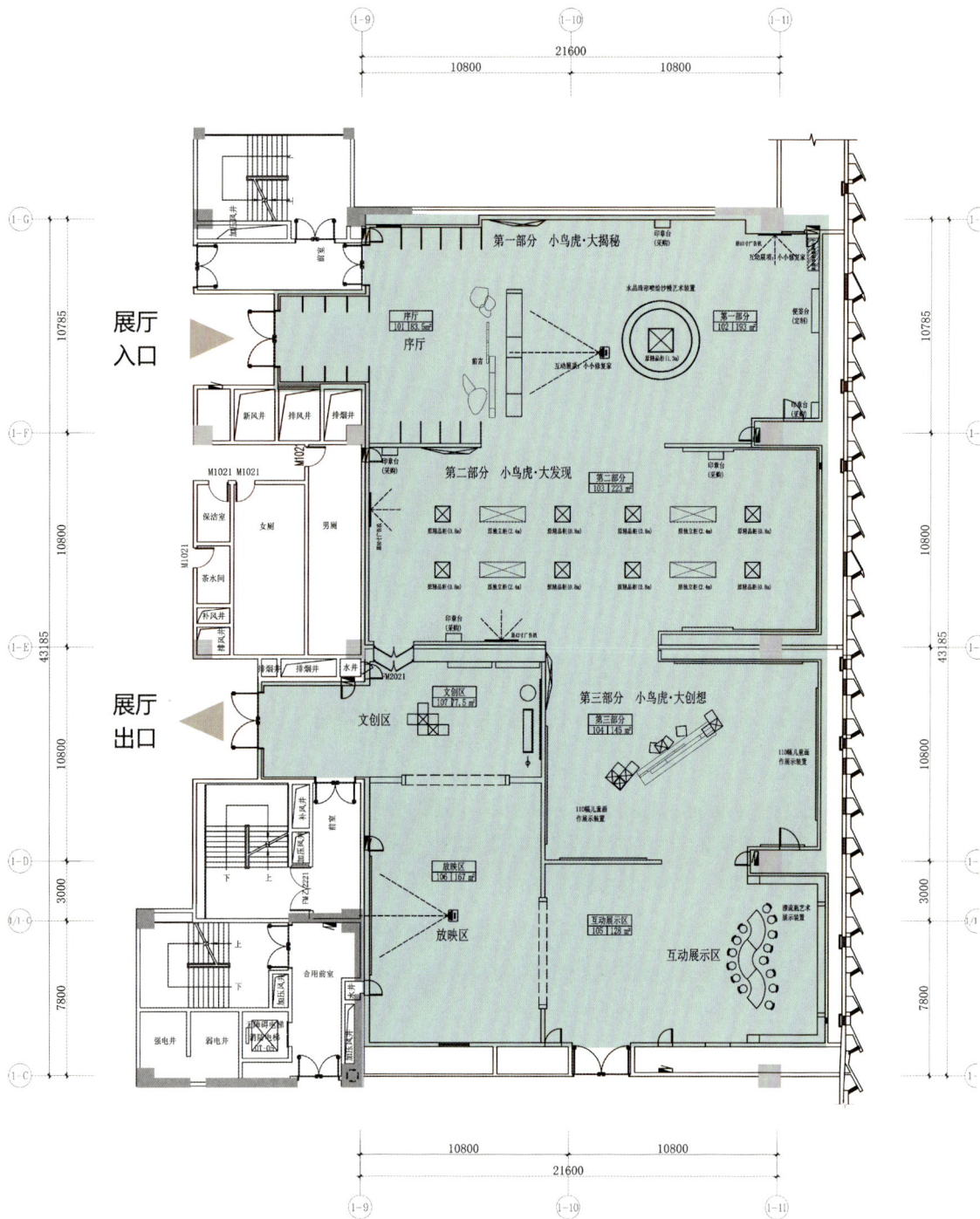

图3-19　展厅平面图（设计后）

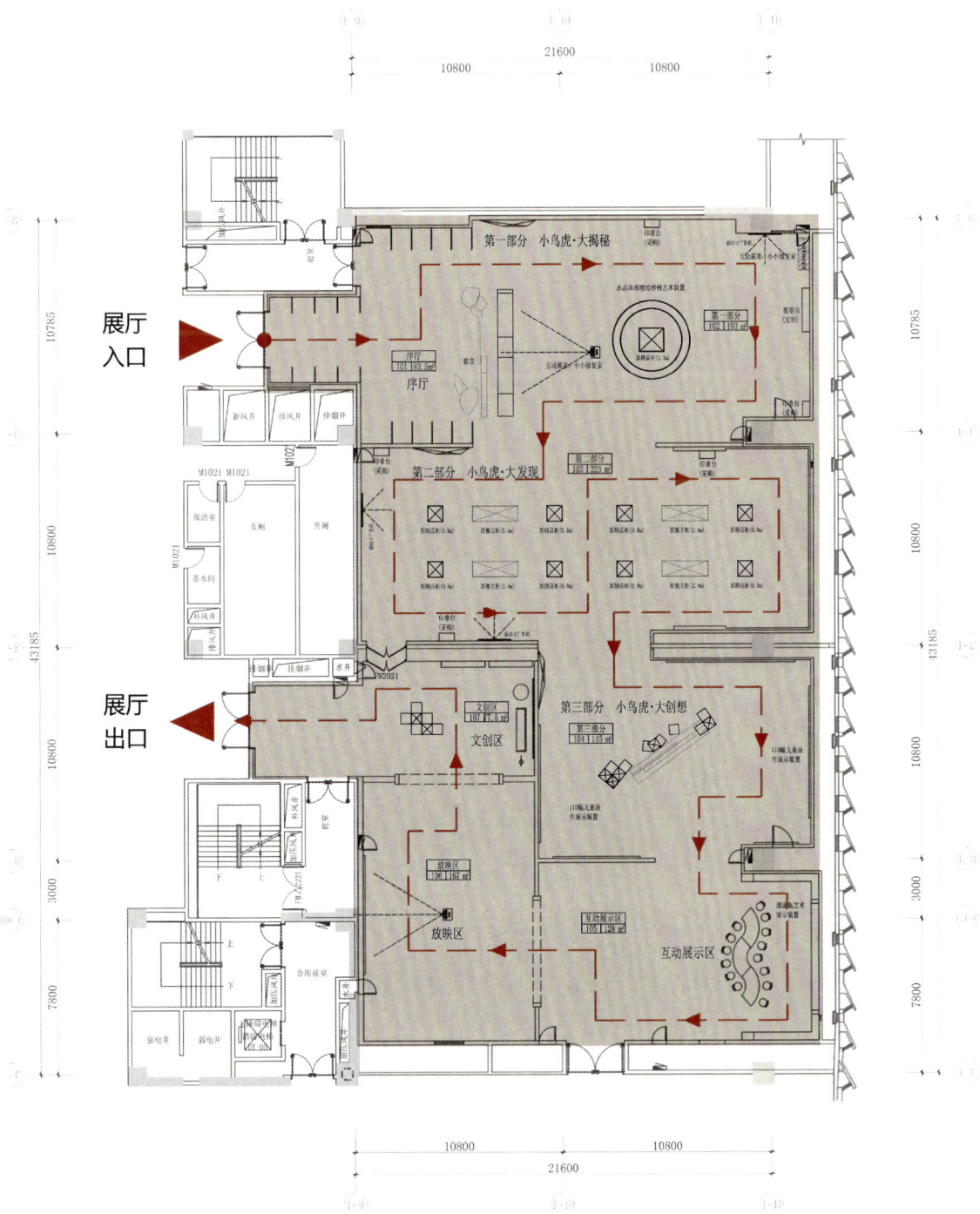

图3-20 展厅动线规划

2.空间的尺度关系

如今，博物馆在展陈方式、技术手段和观众需求上不断变化，促使我们在形式设计中也要不断完善和创新，向多元融合的方向发展。在这个过程中，儿童类展示空间尺度的合理利用变得愈加重要，它可以帮助博物馆面向儿童观众更好地展示藏品和表达展览主题，提升儿童的参观体验。

我们在原建筑的空间尺度基础上，尽可能地充分利用展厅空间，通过合理利用空间的高度和实际纵深，对展览各个空间区域进行艺术搭建。我们围绕核心展品伏鸟双尾青铜虎，深挖历史文化背景，提取特有纹饰元素，进行空间艺术氛围的营造，规划足够的空间来展现它的文化与特征。对于同时期出土的其他文物展品，则采用空间阵列形式，实现展览叙事与主题的连贯和契合。同时考虑各个展示空间的尺度关系和功能多样性。在形式设计上，我们相应地呈现多样化设计手法，例如：采用翻板隐藏式设计手法，让儿童观众通过动手交互获取隐藏知识内容，增强了观展的趣味性和探索性；采用多媒体视频展示方式，将小鸟虎美好的一天、虎牙的故事、探寻虎方国等故事融入展示空间，利用动态画面和声音更为直接、有趣地向儿童观众讲述故事。

我们"以人为本，以展为媒"，对儿童的心理及思维等多方面进行发掘和探究，思考如何构建儿童参与式展览，充分呈现儿童展览的互动性和趣味性。我们力图处理好多元化展示空间，提升儿童观众对历史文物的感知，使其认知层面与行为达成共鸣（图3-21）。

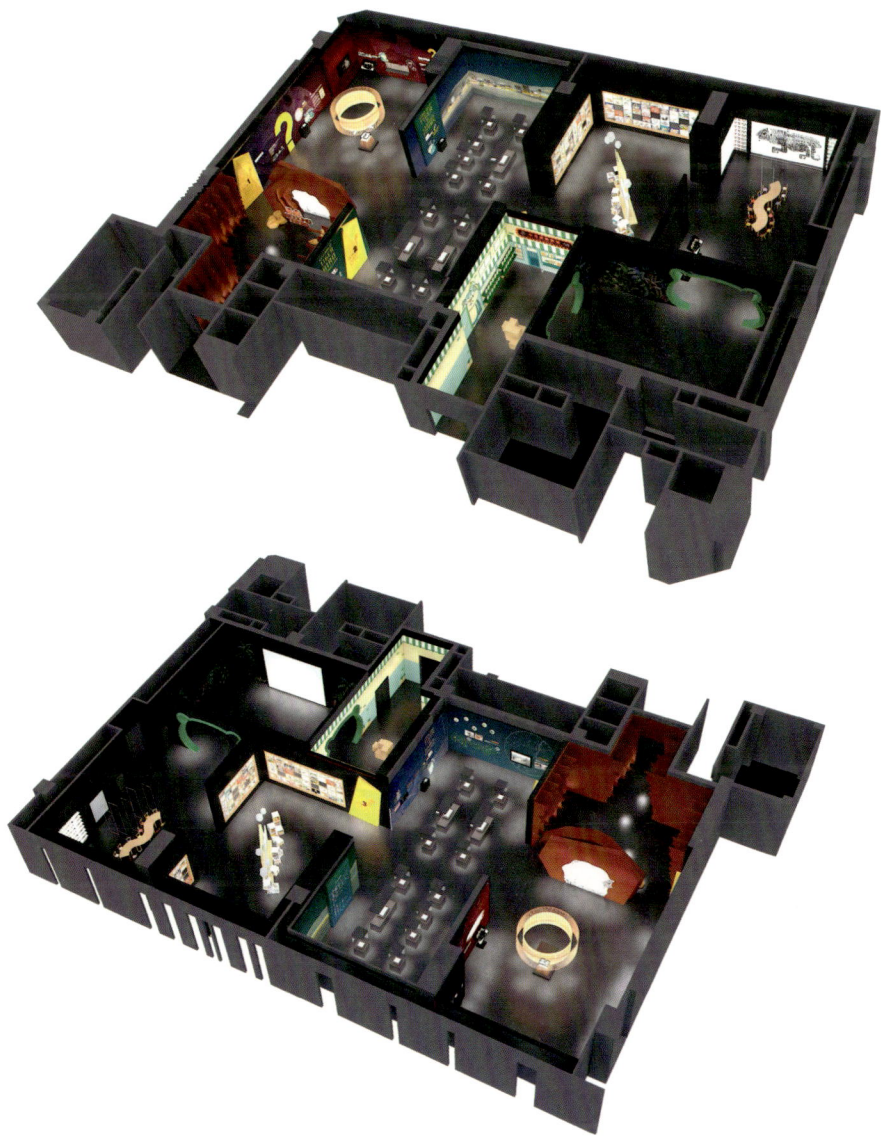

图3-21　展厅轴测图（组图）

砂岩红
营造序厅洞穴神秘的氛围感

赤炎紫
营造核心展区庄重神圣的氛围感

森林绿
营造森林气息氛围感

图3-22　展厅内色彩应用

（二）色彩设计

　　空间中的色彩搭配能给观者带来丰富的感官体验，不同色彩的搭配所传递的色彩温度也各不相同。鲜明的空间色彩可以使观者迅速分辨展览的各部分内容和层次关系，同时还具有一定的导视作用。色彩设计是展览空间视觉形式法则中最重要的要素之一，通过色彩调节可使空间形成一种优美的整体环境。

　　展览设计期间，我们分析儿童主题展的属性，以历史文化背景为基础设定色彩饱和度，再结合儿童视角设定符合各单元内容的色相，不断优化色彩方案，最终确定以平和、稳重、多彩的色彩语言进行延展深入。展览中，我们对空间界面的色彩设计、艺术场景的色彩设计、图文解说的色彩设计和展示区域照明的色彩设计进行了统筹规划。虽然展示的形式各不相同，但是其色彩设计的方式是一致的（图3-22）。

图3-23 序厅设计效果图

1.空间色彩的选取

序厅设计中我们通过艺术化手段模拟呈现洞穴场景，并搭配多媒体背投艺术装置，体现一只体量巨大的"虎王"兼具勇猛霸气与伏鸟柔情，彰显神秘形貌与威仪神性，极富艺术个性，使儿童对展览主题的理解更加直观形象，也为展览内容的展开做好了前期铺垫。序厅以奇幻神秘的色彩为基调，选择砂岩的土红色，结合山洞视角背投小鸟虎动画，激发儿童观众的探险动力和好奇心，地面为虎爪投影，引领儿童进行一场新奇之旅，同时充分体现此次展陈主题——寻虎。序厅色彩设计庄严神秘，视觉方面具备孩童般的天真烂漫气质。色彩、艺术造型以及多媒体技术的应用有助于高度概括展览主题，并发挥对整个展览的提示性作用，同时还能影响儿童观展的预期。对于一个以历史文物为依托的儿童主题展览来说，应选择较为稳重、平和的色调作为空间设计的主要基调，以能够有效反映文物知识背景和传统文化的厚重感（图3-23）。

图3-24　第一部分"小鸟虎·大揭秘"设计效果图

第一部分"小鸟虎·大揭秘"展示的是文物主角伏鸟双尾青铜虎，它被放置在中央独立展柜中，观众可围绕在"虎王"四周观看学习和感受。顶部为层叠纱幕，地面配有虎纹地贴，四周为虎纹柱。上下呼应，营造出神奇而又庄重的气氛。空间整体色彩基调以饱和度适中且靓丽的红紫色为主，将图文板作为点缀色，有机地融入展览的叙事结构。我们通过展览提出问题——"猜猜我是谁？"黄色的问号暗示展览的主角，图文内容的叙述逐渐层层揭开伏鸟双尾青铜虎的"前世今生"。核心展品在空间独立柜之中，通透的展柜吸引着不同位置的参观者，其空间背景的色彩简约、明快，使观者产生非凡的视觉体验。在形式设计中，我们除了充分利用平面和空间的设计元素外，还积极调动声、光、电和新媒体等手段，并基于新的策展方式，将媒介色彩与空间界面进行融合，营造出视觉强烈的艺术氛围（图3-24）。

图3-25 第二部分"小鸟虎·大发现"设计效果图

第二部分"小鸟虎·大发现"展现了与伏鸟双尾青铜虎同一时期出土的青铜器、玉器以及与虎有关的文物,我们采用与青铜器颜色相近的蓝绿色,用醒目的一级标题加深儿童观众的视觉印象,在空间设计上考虑展品和儿童主题内容的结合,蓝绿色背景与文物的青铜色相得益彰,亦可吸引儿童观众的注意,双面的手翻板和灯箱突出焦点内容,既具互动性又有趣。空间规划避免了拥挤或空荡,最大限度促进展品与展示内容的融合,并充分利用空间高度和深度进行独特的展示,结合发光的时间轴展示各朝代的虎纹器物图形,用大型立体展板展示各朝代虎纹形式特征,让儿童观众更直观、深刻地理解虎文化。空间中的色彩设计规范且都有其明确的考量,从细节就能感受出设计的系统性。例如,为使其蓝绿色的背景在空间中更加和谐,展柜内的展托同样选择蓝绿色进行细节搭配(图3-25)。

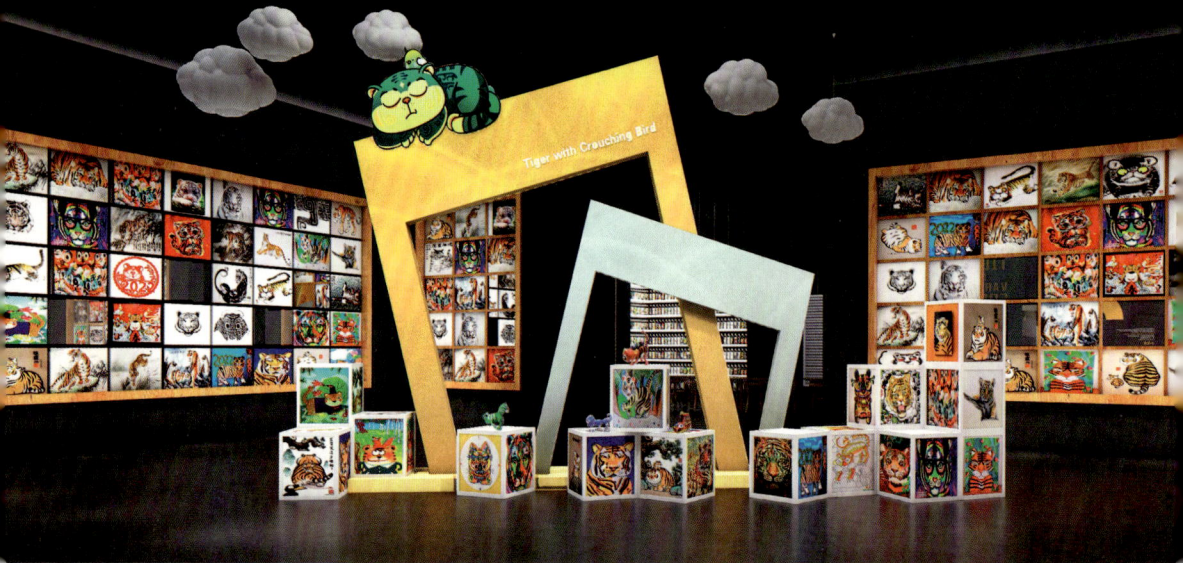

图3-26 第三部分"小鸟虎·大创想"设计效果图

第三部分"小鸟虎·大创想"在前两个部分的基础上，结合琳琅满目的文创产品，让儿童观众进行参与式的DIY体验活动。这里的绘画作品色彩非常绚丽，因此采用深色的高级灰作为背景。在展览的整体空间规划中，我们将IP形象与打卡点结合，沉浸式的新媒体影像互动装置使儿童观众仿佛身临其境。"旅程"的最后设有充满创意和艺术装置的长廊，这里有奇思妙想的创作天地，也有琳琅满目的画作精品。大家一起动手创作，互动游戏。通过知识问答互动，让观众对整体展览知识产生更深刻的理解与认知（图3-26）。

2.空间色彩的情绪分析

我们提取每个部分的色彩并进行叠加串联，通过整体空间的色彩变化，去调动儿童观展情绪的起伏并增强其代入感。从序厅的奇幻之境，到第一部分的神秘面纱、第二部分的发现惊喜，再到第三部分的开拓探索，各展厅空间无不体现着色彩韵律和相互渗透的关系。此外，色彩的温度也会影响儿童的情绪，比如暖色调会让其感到亲切，而冷色调则会让人感到静谧。不同色彩之间的搭配也会影响情绪，比如黄色、红色、绿色与深灰色的搭配会使人感到舒适和谐。

（三）灯光照明设计

视觉艺术离不开光的塑造，在本次展览设计中，我们通过不同的灯光色温和照明方式来呈现不同的视觉效果，从而更好地展示文物藏品和展览主题。灯光艺术作为一种新的艺术装置载体，也成为本次展览独特的表现手段。我们精心排布灯光，形成虚实相生的艺术氛围，通过不同的照明方式来突出展品的特点和布局。例如：采用聚光灯或射灯来照亮特定的文物或艺术品，突出其细节和纹理；采用柔和的灯光来照亮整个展厅，营造出温馨舒适的氛围；采用动态照明手段来突出展品的不同角度和状态，增加儿童的观赏乐趣（图3-27）。

在展览的空间照明设计中，我们利用发光灯带与历史时间轴的结合，体现各朝代出土的虎纹器物立体图形；设立大型立体展板，展示各朝代虎纹形式特征，让儿童更直观、深刻地理解虎文化。空间灯光设计主要采用色温为3000—4000K的暖光，部分采用冷光。空间中的灯光设计作为展示的媒介，使观众获得视觉冲击。我们通过光影的形状、明暗、色彩、空间感来表现环境的情绪变化，进而触发儿童的探索本能，提升展示空间的整体效果，给儿童带来心理上的慰藉（图3-28）。

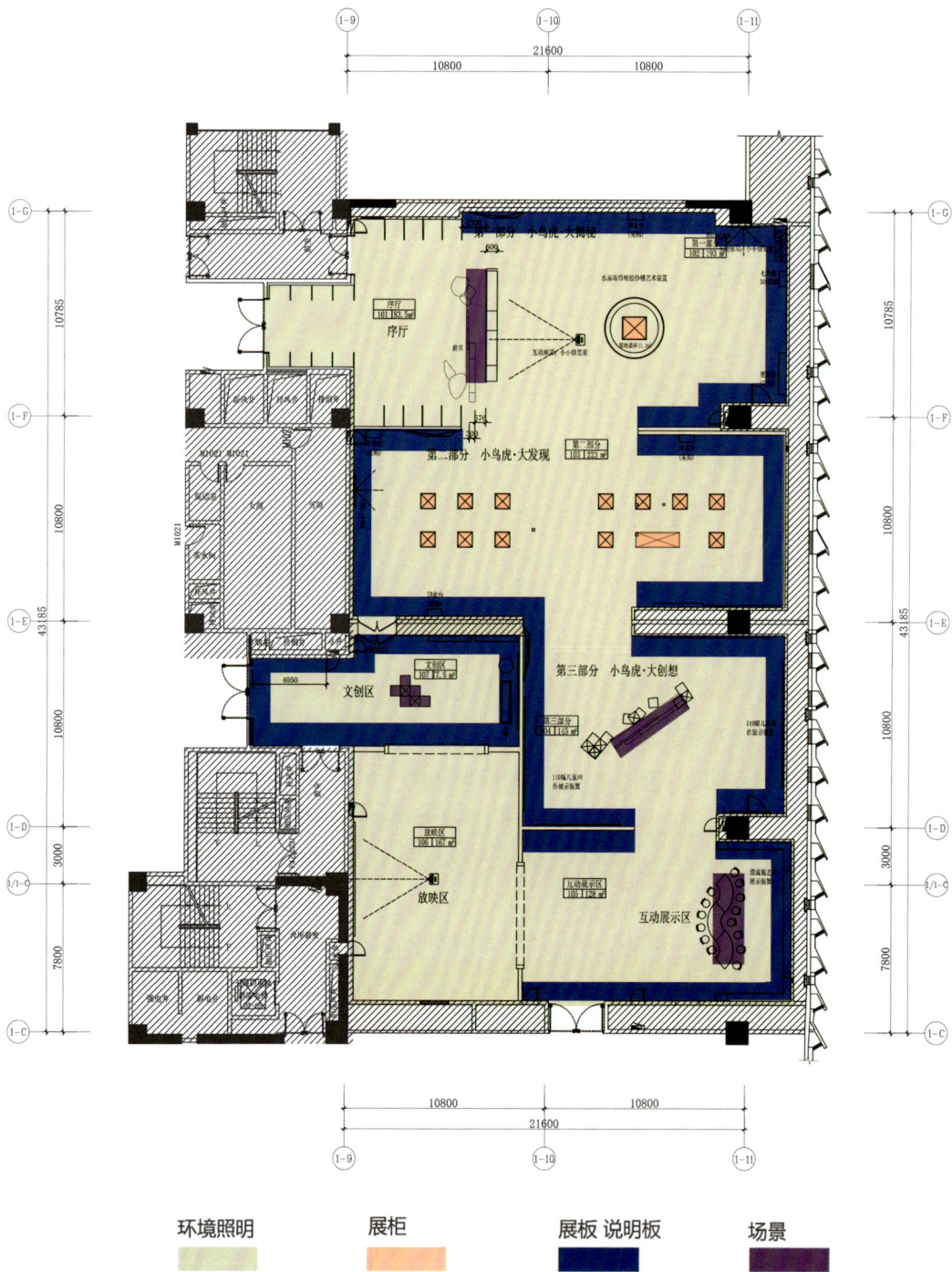

图3-27 展厅照度分析

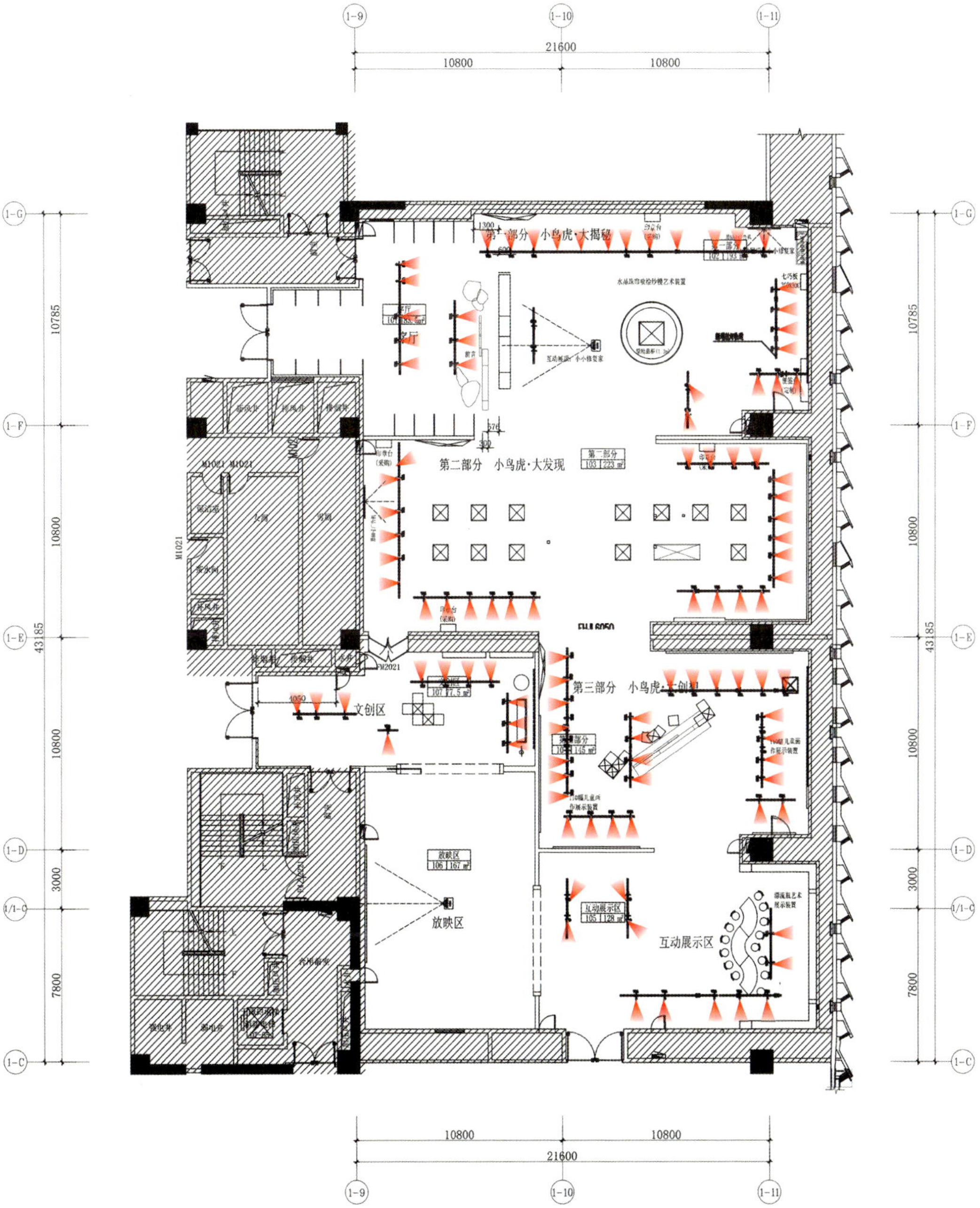

图3-28 展厅照明应用示意图

1.展柜内部的灯光设计

　　展览设计遵循以人为本的理念。我们对灯光进行合理布局，精确计算灯具、展品和儿童观众之间的距离。展柜内设置有局部照明和重点照明，在整体照明的基础上，我们对文物和展品细节进行强化照明，以此突显文物的质感、色泽和纹样。伏鸟双尾青铜虎作为国家一级文物，具有极高的艺术性和观赏性，因此我们采用独立展柜进行全方位展示。展柜的每面玻璃均为低反射玻璃，无论是以展柜外部光源照射还是用展柜内部的光源照明，都不会产生多次反光折射导致的重影眩光等，能让文物的精彩细节得到无影展现。我们对灯光照明设备从照射角度、光圈大小等方面进行充分调试，避免产生眩光或给参观者体验造成负面影响。此外，我们参照《建筑照明设计标准》（GB500314—2004）、《博物馆照明设计规范》（GB/T23863—2009）、《建筑采光设计标准》（GB/T50033—2001）、《照明设计手册》等标准与规范，在严格控制照度、保护文物不受光照影响的同时，充分体现节能、技术、效果、经济、人性化等理念（表3-1）。

表3-1　博物馆建筑陈列室展品照度标准值

类别	参考平面	照度标准值（lx）
对光特别敏感的展品：纺织品、织绣品、绘画、纸质物品、彩绘、染色皮革、动物标本等	展品面	小于等于50
对光敏感的展品：油画、蛋清画、不染色皮革、角制品、骨制品、象牙制品、竹木制品和漆器等	展品面	小于等于150
对光不敏感的展品：金属制品、石制器物、陶瓷器、宝玉石器、岩矿标本、玻璃制品、珐琅器等	展品面	小于等于300

2.空间环境的照明设计

我们通过调整灯光色温和照度来影响观众在空间中的情感体验。例如：第一、二部分采用暖色调营造出温馨的氛围，适合展示历史文物和艺术品；相反，采用冷色调则可以营造出平静而又炫酷的视觉氛围，适合展示现代艺术和科技展览品。此外，我们还采用了光晕效果增加展览空间的层次和吸引力，并通过多元体验融合的手段来实现更好的展示效果。例如：通过 LOGO 灯和动感萤火虫灯将灯光与图像融合在一起，增强展览的沉浸感；采用互动式灯光装置，让观众参与其中，增加观展的乐趣和体验感。

我们将展览空间环境照明分为整体照明、板面照明、氛围照明和工作照明等多个部分。空间整体照明灯具主要采用轨道射灯和洗墙灯，在需要距离调试的板面照明上采用可调光调焦轨道射灯，这样灵活度较高，可以通过能够调整不同光束大小的变焦轨道射灯来满足不同大小图文板的照明需求（图3-29、图3-30）。同样，在中岛艺术装置的照明上，我们从造型和体量进行分析，由远到近及多角度布置灯光，以展现艺术装置的整体性，确保最佳的照明和视觉效果。

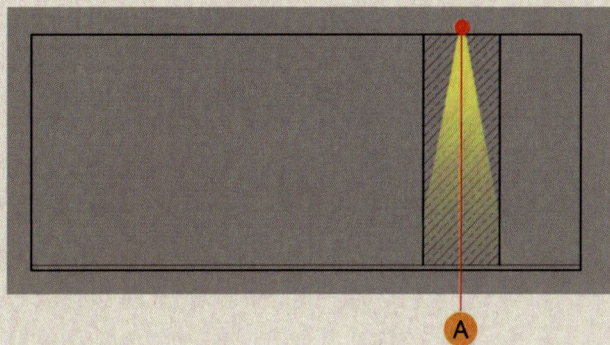

（a）照明效果

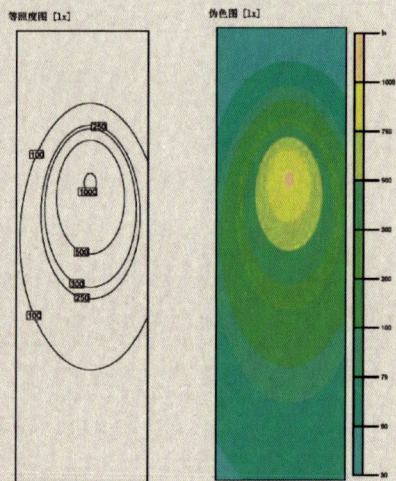

等照度图 [lx]　　　伪色图 [lx]

（b）照度计算

类　型：三回路轨道射灯

功　率：20W

色　温：3000K

光束角：24度

显色指数：90

灯具配件：柔光透镜、拉伸透镜、调色透镜

（c）灯具资料

图3-29　标题板的照明分析

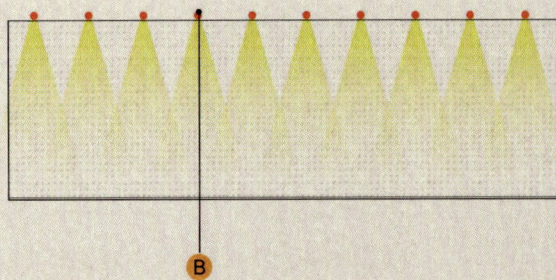

（a）轨道灯示意

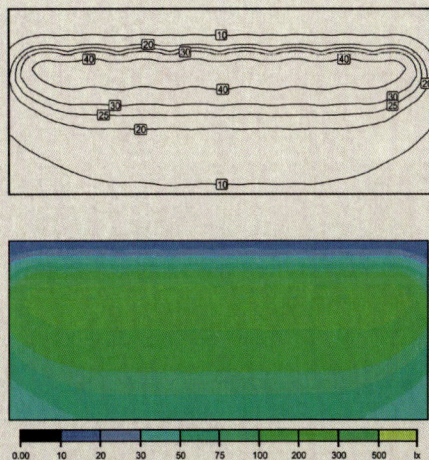

（b）照度计算

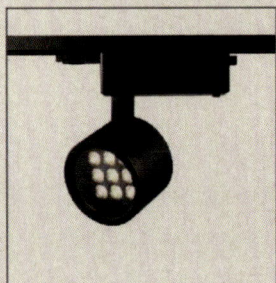

类　型：三回路轨道射灯

功　率：20W

色　温：3000K

光束角：36度

显色指数：90

灯具配件：洗墙配件、柔光透镜

（c）灯具资料

图3-30　图文板的照明分析

四、交互设计：做一个亲和活泼的展览

（一）互动展项设计

在展览交互设计方面，我们一直在思考形式的多样性。我们摒弃传统展示设计思维，以儿童思维为出发点，从回味我们儿时的童趣出发，结合当代儿童的兴趣点去开拓设计理念，通过为不同年龄段的儿童打造学习手册、儿童读本、参与式互动项目、沉浸式体验空间，来强化儿童主题展的童趣性、艺术性、内容精神和视觉冲击力效果，从而达到寓教于乐的目的。其中，互动展项设计又分为物理互动展项和沉浸式虚拟交互展项。

第二部分"小鸟虎·大发现"的"小鸟虎寻宝记"互动游戏、"小鸟虎的朋友圈"翻牌知识互动游戏、集章打卡游戏，以及第三部分"小鸟虎·大创想"的纹饰拓印互动游戏等，都采用了物理空间的交互设计，可以近距离增强儿童观展的兴趣并提高其参与度。同时通过展览读本知识问答互动，让观众对整体展览知识产生更深刻的理解与认知（图3-31）。

图3-31 丰富的互动展项（组图）
注：1为"小小修复家"；2为纹饰拓印；
3为"小鸟虎寻宝记"；4为纹饰集章打卡；5为翻牌知识墙；

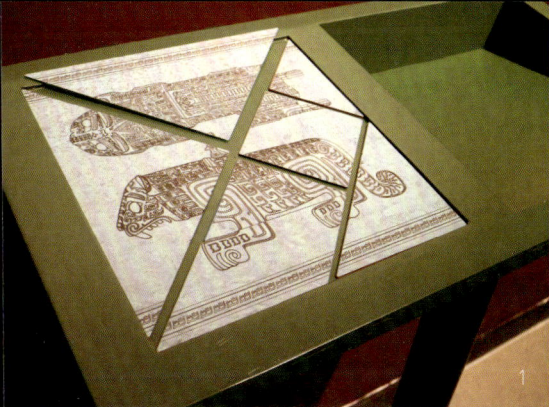

1

2

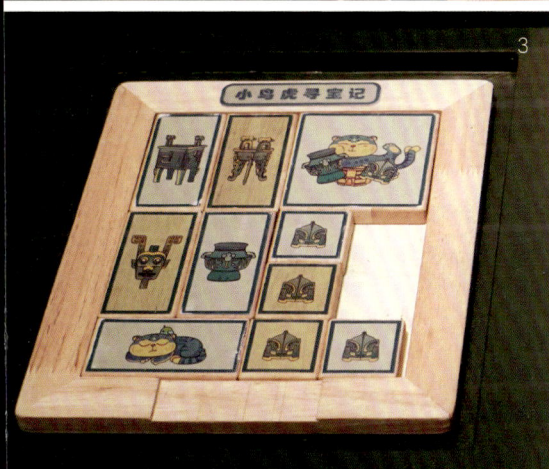

3

4

兽面纹羊首青铜罍 (léi)

商代（约公元前1600—前
高60.5厘米、口径40.8
1989年江西省新干

目雷纹方内青铜钺 (yuè)

商代（约公元前1600—前1046年）
通高35.2厘米、肩宽26.1厘米、重6千克
1989年江西省新干县大洋洲遗址出土

青铜伙伴

小鸟虎的青铜伙伴们主要分为礼器、乐器、兵器、工具及杂器五大类，大多铸造精美，形制古朴，造型多样，纹样富丽。

商代
（约公元前1600—前1046年）
宽21.2厘米、高16.5厘米
厚0.3厘米、重0.56千克
1989年江西省新干县
大洋洲遗址出土

羊角兽面

兽面纹鹿耳四足青铜甗 (yǎn)

双面神人青铜头像

5

图3-32 《爱虎行动》公益片放映现场

美国体验经济学家 B. 约瑟夫·派恩认为："体验事实上是当一个人达到情绪、体力、智力甚至精神的某一水平时，他意识中所产生的美好感觉。"[4]我们在第三部分沉浸式观影区内打造了神秘的森林世界，并加入动感萤火虫灯以营造绚烂氛围，让儿童仿佛置身自然，亲临老虎的栖息之地，感受虎族的生活环境，与它们尽情对话，了解虎的生存环境，增强爱虎意识。通过对视觉和情感进行升华，儿童可在展览中获得惊奇的情境体验，体会到强烈的震撼与感动，产生无限的美好遐想，增强爱护自然家园的责任感（图3-32）。

儿童展览空间应该是一个能够开发儿童体能和智力的场所。展览的布局、设计和互动方式应该能够让儿童参与其中，从而让他们动起来、参与思考、认识问题、解决问题。当儿童在展览中得到了身体和智力上的锻炼，他们也会产生美好的感觉。展览的内容和方式应该能够让儿童受到启迪和教育，在精神方面得到满足。多媒体互动展项通过知识问答互动，让儿童对整体展览知识产生更深刻的理解与认知。比如第三部分内容"小鸟虎·大创想"中的"智慧大作战"
展项，通过交互屏幕与儿童产生零距离互动。好的儿童展项设计能够从儿童视角出
发，深度挖掘文物背景、信息，让儿童更加了解展品从而获得一些意想不到的趣味
发现。"小鸟虎儿童主题展"为孩子们呈现了一场漫游式的探索之旅。

在展览空间规划中，我们尽可能地为儿童营造适中的感官刺激，希望给他们留
下深刻持久的印象，并基于博物馆特有属性，提供全民教育，启发思想和培养美学
意识，促进个人发展，让趣味互动项目助推儿童展览的效能发挥。我们在数字技术
应用中采用了先进、成熟的产品和技术，通过人性化、趣味化的可交互屏幕界面，
让儿童在轻松有趣间自如地获取展览知识。人机交互设备的易操作性、美观性有效
提升了整个展览系统的设计效果。互动体验区的最后，是对充满童心童趣的奇幻世
界的勇敢探索！这里有充满了创意和艺术装置的长廊，有奇思妙想的创作天地，也
有琳琅满目的画作精品，儿童可以一起动手共同创作。

（三）观展图鉴设计

在展览空间设计中，我们力求加强互动性、舒展性，层次分明、核心突出，形
式上既需要恰当而准确地呈现内容，同时还需注重思想性、科学性和艺术性的和谐
统一。展示图板以亲近自然的色彩为主，采用柔和的暖黄色、蓝绿色等颜色搭配，
营造温馨舒适的氛围。在设计的过程中，图案、字体、艺术造型等都注重体现趣味
性和识别度。在图文板的设计中，我们不只考虑知识传播的功能性，还更多地考虑
儿童的第一视觉感受和接受程度，这样才能让展览的价值得到受众群体的真正认可。
展品陈列区为流线型布局，方便儿童观看和参与互动。展览增加多媒体元素，如视
频、音频等，增强观赏性和趣味性。在展区设置互动体验窗口，例如多媒体交互体
验等，让儿童更深入地了解展览内容。

图3-33 一级标题版式设计

在展览空间里，一级内容的立面展板造型采用抽象折边几何形态，在三角区进行文字核心内容表达，以伏鸟双尾青铜虎尾部纹饰为辅助。在字体设计方面，标题和正文都以黑体作为展览标准字体，黑体识别性强，易于传播和令人接受，部分字体选用圆形倒角字体，形式灵动活泼，儿童易于接受。大的三角形制块面感结合的空间流线，具有一定引导性和指示作用（图3-33）。二级内容采用渐变色彩，分配匀称，图文排版主次分明、错落有致，重点突出第一人称问句："猜猜我是谁？""我从哪里来？""我如何诞生？"段落间距选用 1.5 倍行距，整体版式关系结构清晰明确（图3-34）。此外，充分利用符号和图案造型，构成视觉语言，将空间中的点、线、面等元素进行有效串联。

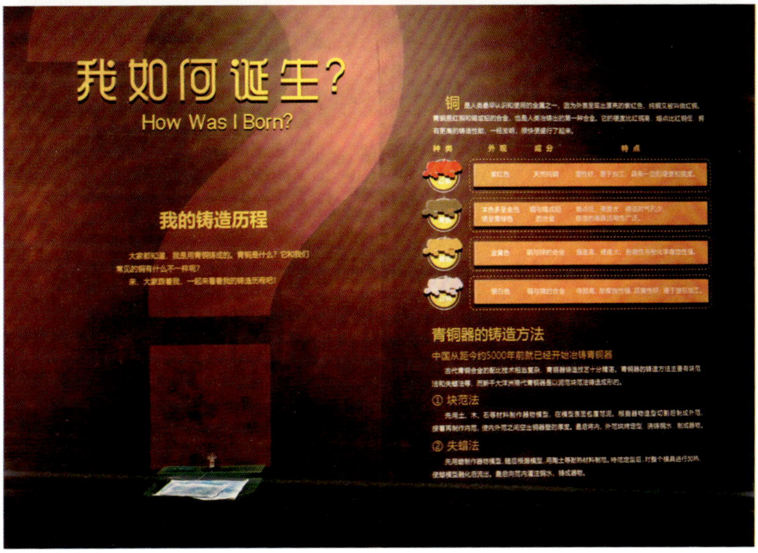

图3-34 二级标题
版式设计（组图）

　　展览空间围绕展品设置了有趣的翻转知识板，以动手揭秘探索形式，为儿童提供图文并茂的展品解读。我们通过富有趣味的展览形式，增强儿童对观展的兴趣，使其在娱乐中认识和了解文物的历史价值、文化价值和艺术价值。我们对一级内容展板的造型设计和色彩应用进行了活跃性协调处理，并延续到整个展厅，使展览更具有系统性。在展板形式语言上，我们将多媒体的动态视频与静态图像的内容形式相结合，突出展览的重点。

　　第一、二部分为展品解读和知识拓展的区域，以伏鸟双尾青铜虎和同期出

图3-35　儿童作品展示区

土的文物以及与虎有关的文物进行展览体系的创建。第三部分为展览互动空间，围绕伏鸟双尾青铜虎的造型和纹饰延伸设置多个现场互动项目，规划了儿童作品展示区、小鸟虎造型现场绘画创作区、纹饰拓印区、纹饰彩绘区、漂流瓶互动区和阅读角等。以九宫格形式集中展示展览前期面向社会征集并评选出来的以虎为主题的儿童绘画作品，绘画作品展墙立面设计采用深灰色和墨绿色的渐变组合，以衬托形式多样、色彩斑斓的绘画作品（图3-35）；以漂流瓶搭建多色彩多层次的小鸟虎造型现场绘画创作区，设置多个儿童画架，让小朋友们在现场把自己对小鸟虎的畅想绘

图3-36 小鸟虎造型现场绘画创作区（上）

图3-37 纹饰拓印区（下）

图3-38　阅读角

制出来，随后可以将作品装入漂流瓶，寄给远方的朋友或未来的自己（图3-36）；用仿真植物和 IP 造型装饰纹饰拓印区墙面，平台放置六块木制纹饰托板，可供六位小朋友同时进行纹饰拓印（图3-37）；设置展览读本推车和阅读桌，规划阅读角，让孩子独立或在家长陪伴下阅读获取关于展览与文物的拓展知识（图3-38）。

（四）展品布置

"小鸟虎儿童主题展"有别于传统的历史文物展，其受众主要是年龄相对较小的观众，因此我们在文物展品的陈列布置方面尽可能地考虑小朋友的身高以及其对相关信息的接受程度，采用了以下几种布展方法（图3-39、图3-40、图3-41、图3-42）。

图3-39　展览第一部分展品布置

图3-40 展览第二部分"集合！小鸟虎探险队"展区展品布置（组图）

图3-41　展览第二部分"发现！千姿百态的虎"展区展品布置（组图）

图3-42　展览第三部分展品布置（组图）

按照时间顺序：根据文物的年代顺序进行布置，让小朋友们按照时间的先后来理解文物的历史背景。

按照主题内容：将文物按照主题进行分类，比如按照材料、用途等，让小朋友们更好地理解文物的特点和意义。

按照空间布局：根据展厅的空间特点和文物的大小，采用不同的布局方式，比如环绕式、中心式、线性等，让小朋友们可以更好地欣赏和了解文物。

按照展示手段：使用不同的展品布置手段来展示文物，比如借用灯光、声音、视频等，让小朋友们能够更加直观地感受文物的美和历史价值。

五、品牌设计：创一个惹人喜爱的角色

（一）小鸟虎形象设计

伏鸟双尾青铜虎是青铜虎中体量最大者，可谓虎之王者。其外表透露出虎之威武、勇猛，内中则藏匿着诡谲、仙逸之神气，将虎的神性和人对虎的崇尚表现到极致，特别是虎背静伏一只可爱的小鸟，呈现出"鸟不惧虎，虎不惊鸟"的和谐形象。

IP，意为知识产权（intellectual property）。它在具有可视形象和品牌特质的基础上融合了精神层面的情感元素，是用来传递某种价值观的主体。

我们为本次儿童展览精心设计 IP 形象，以核心展品伏鸟双尾青铜虎为原型，研究展品的内涵和地域文化特色，将展品中的独特元素融入 IP 形象小鸟虎之中，以小鸟虎的形态、表情、纹饰与色彩为切入点，提取其设计元素并重新解构与组织元素，采用拟人化设计手法，创作出一个形象鲜明、富有吸引力的展览 IP，并将卡通 IP 形象融入展览之中，既可以拉近展览与儿童之间的距离，也可有效提升展览的趣味性和亲和力（图3-43、图3-44）。

图3-43 小鸟虎平面IP形象（上）
图3-44 小鸟虎立体IP形象（下）

1.造型

我们在设计之初，对小鸟虎的形象和肢体语言进行定位，力求使其动作形态及应用场景更加多元化，在整体形象塑造上体现虎的憨态可掬、鸟的轻盈可爱，形成"鸟不惧虎，虎不惊鸟"的鲜明特点，同时在最大程度上承载展览主题精神与文化特征。在创作过程中，我们在基础肢体语言和形态设计方面采用椭圆形与弧线形相结合方式，构成 IP 形象的头部、四肢、双尾和身体。我们也将勇敢活泼的性格和温顺亲和的情感融入小鸟虎敦厚的形象之中，并通过调整结构设计，使形象更加富有情感，同时符合当代年轻人所喜爱的特点。除小鸟虎主形象之外，我们还根据展览内容设计了多款不同姿态和表情的 IP 形象（图3-45），并趣味地配合文字内容进行主题表达。例如，从"小鸟虎的诞生"到"小鸟虎探险队"等每部分内容中，都有不同姿态和表情的小鸟虎出现，并配以情感文字同步表达（图3-46）。在面部表情设计的表现手法上，我们应用了疑问、微笑、哭泣或抿嘴等表情语言。虎头虎脑的可爱 IP 形象有效拉近了展览与小朋友们之间的距离。

2.色彩

"展览设计是一门综合性、交叉性的学科，它既有传统观念的限制，又没有既定的约束，同时它的市场价值与日俱增、令人瞩目。"[5]小鸟虎 IP 形象是我们对儿童展览视觉设计的一个组成部分，目的是通过造型、色彩强化展览的特征。小鸟虎 IP 形象设计在色彩选择方面基于伏鸟双尾青铜虎的青铜色，借此传达文物及展览本身的气质，同时具有文化属性。IP 形象中，虎体采用饱和度适中的青铜色，正面的脸部以及身体腹部采用虎本色浅黄色，小鸟则选用相适应的蓝绿色，色彩搭配和谐，丰富而饱满。我们通过结合文物的形象、色彩、

图3-45　小鸟虎多姿态多表情形象（组图）

图3-46　小鸟虎IP形象与展览融合（组图）

C81 M47 Y53 K1   C59 M21 Y49 K0   C53 M11 Y58 K0   C36 M14 Y78 K0   C17 M23 Y62 K0   C8 M13 Y47 K0

IP 设计·
小鸟虎

三视图设计 · THREE VIEW DESIGN

正面/FRONT   侧面/SIDE   背面/BACK

图3-47   小鸟虎IP形象配色

纹饰特点和气质进行拟人化处理，将文物元素充分与卡通形象相结合，设计出形态多样、新潮有活力的小鸟虎（图3-47）。

3.品牌

随着儿童博物馆在世界范围内的蓬勃发展，越来越多的人认同其理念，并投身于儿童教育、文化传播事业。江西省博物馆作为综合性博物馆，"小鸟虎儿童主题展"是一次打破常规展览设计的成功尝试。我们创造展览IP形象，用小朋友们看得懂的方式设计展览，不仅提升了展览的视觉感知度，同时也提升了历史文化的传播效率和价值。展览 IP 形象的创造和介入，也丰富了文创产品和社教活动。江西省博物馆儿童展览利用馆藏资源，立足本地文化传播，同时与各地文化交融共享，形成了系列化可持续性发展的展览项目。

（二）小鸟虎IP应用

展览设计之初，建立一个可爱卡通 IP 形象的设想就已得到策展团队所有成员的认同，但伏鸟双尾青铜虎纹样的提炼是设计环节最具挑战的难关。为了将特色纹样更好地融入小鸟虎的肢体及形象气质中，我们一直思考需要如何对造型进行有机的调整与简化。

在儿童展览中，主题 IP 形象的多元化介入使展览设计从平面发展到立体，从展示元素延伸到主题展的"玩具"形象，因此在设计时需要综合考虑吉祥物的多种应用情况，提升展览的互动性，加强消费体系的视觉营造。

小鸟虎的元素具有丰富的延展性，在配套的衍生产品设计方面可以适用于不同的载体，它可以时而活泼可爱，时而诡计多端，不同的状态代表着不同的心情。通过对小鸟虎的多维度形象设定，将其与同一时期出土的文物进行组合，弘扬中国传统文化与精神力量，可以重新审视吉祥物在当代博物馆空间设计中的作用、价值和意义（图 3-48）。

21 世纪以来，中国迎来文化自信的时代，文创的潮流也随之而来。文创产品有着浓厚的生活性，浓缩了文化的精髓。小鸟虎的 IP 形象不仅提高了文创产品的传播价值，更使其具备了灵魂，成为"可以带走的文化"（图 3-49）。IP 形象在展览中得到应用，灵活体现了展览的延展性和识别性。此外，IP 形象设计旨在打造一个亲和活泼的展览，通过新媒体装置和互动体验展项设计营造超越感官的情境氛围，吸引小朋友参观，使小朋友们在心理上更容易接受和参与，

图3-48 "小鸟虎杂货铺"文创售卖区（组图）

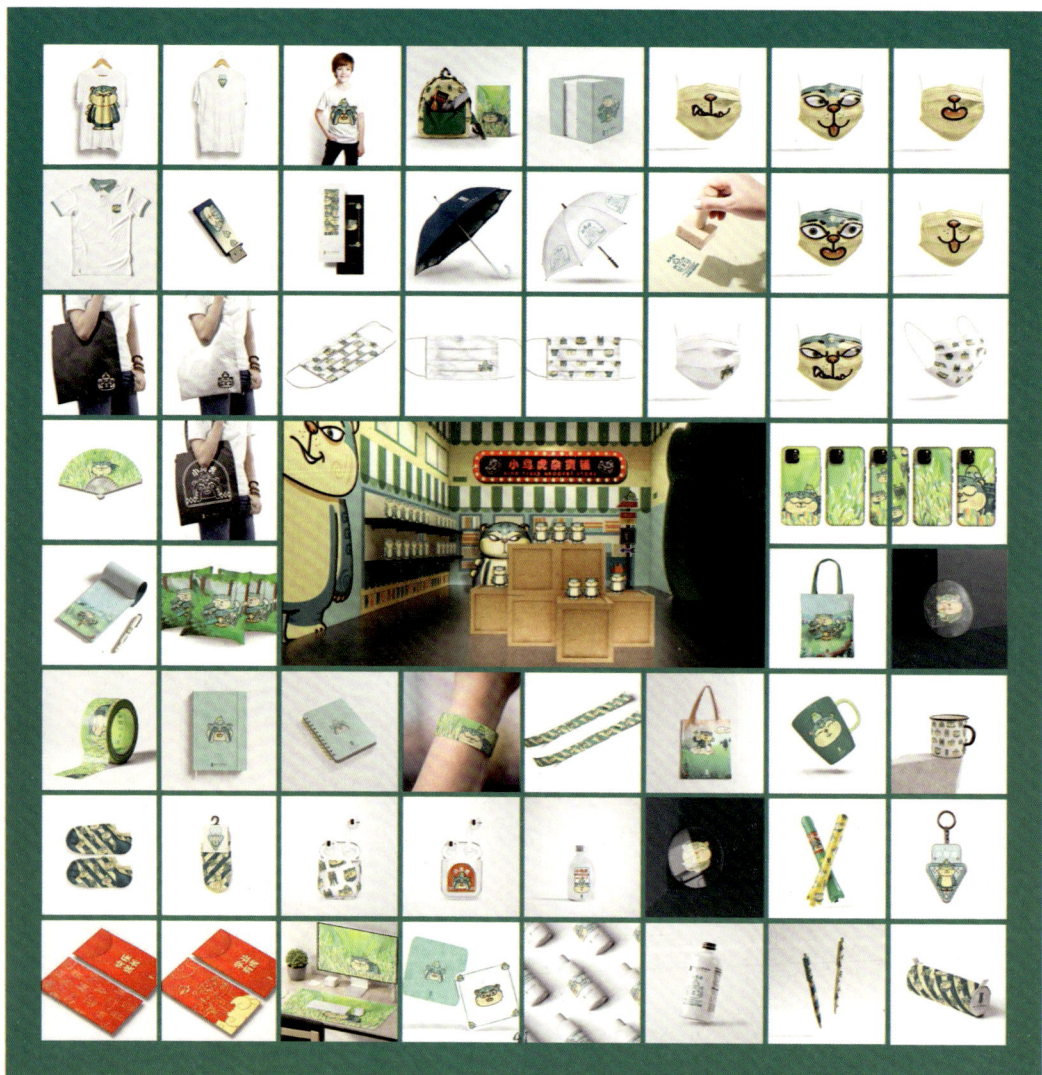

图3-49   小鸟虎IP形象与文创产品融合

提升整个展览的趣味性和互动性。小鸟虎 IP 形象作为展览贯穿始终的视觉形象，让小朋友们产生了情感上的共鸣。

六、施工布展：当构想落地成为现实

（一）展览施工

1.设计和规划

　　在展厅施工之前，我们综合考虑了展品的质地、大小、数量以及展览的主题立意，对展厅的空间布局、空间动线、空间色彩、空间情绪、空间场景以及文物展柜、多媒体投放、灯光布局规划和微环境调控系统等要素都进行了充分的、系统的设计规划和实施准备（图3-50），以确保展品的环境控制和展示效果的最佳匹配。

　　例如，我们在展览序厅"寻虎"的艺术装置实施中，按照立面造型施工图的尺寸放样搭建（图3-51），多层次造型精细制作，完整呈现设计效果，使入口的视觉形象更加具有立体纵深感。在第三部分，我们设立了儿童作品展示区和拍照打卡融合的艺术造型装置（图3-52）。最值得关注的是在"小鸟虎杂货铺"入口处，我们采用虎头形象作为空间的转换过渡，使小鸟虎 IP 形象延伸到空间的展示界面，参与构建艺术场景及装置形态。

图3-50　施工前项目组成员进行展柜整理（上）
图3-51　进行艺术造型放样（下）

图3-52　各项艺术造型严格按照设计图纸施工（组图）

图3-53　项目组成员与
制作单位进行设计交底
（上）

图3-54　对地面和展陈
设备进行保护（下）

图3-55 对进场材料进行严格检查

2.施工和布展

我们同制作单位进行设计交底，与之共同确定空间尺度和参数（图3-53），对原有设施设备进行包装保护后即进入项目落地和施工作业（图3-54）。拆除原展览装饰、清理展厅空间、搬移展柜等，为本次展览制作提供了必要的实施条件。

展览施工过程中，我们在注重形式美观的同时，还重点考虑到制作工艺、环保性、耐久性和牢固性等方面的问题。在各项材料的选用上，如轻钢龙骨、板材、乳胶漆、管线、灯具等材料和设备，我们都严格依据国家规范和行业标准执行应用，确保儿童主题展观展环境的环保性和安全性（图3-55）。

图3-56 为展厅环境配色（上）
图3-57 校对展板尺寸和色调（下）

　　从基础展墙搭建、面层装饰、展板制作、互动展项到多媒体、灯光设置、说明牌制作等，我们项目组全体成员都分工有序，与制作单位密切沟通，全程参与施工，确保每个部分各展项的准确落地和最终展示效果，并保证设计方案的完美实施（图3-56、图3-57、图3-58、图3-59、图3-60、图3-61、图3-62）。

图3-58　项目组成员准备展览道具（组图）

图3-59　布置儿童艺术作品（组图）

图3-60　项目组成员分工进行布展（组图）

图3-61 "小鸟虎杂货铺"文创售卖区产品布置（上）

图3-62 项目组成员在展厅合影（下）

（二）文物保护

1.环境监测

　　为了保证文物展品展示的安全，我们除采用符合标准的文物展柜外，还采用微环境控制系统为文物提供优质展示环境，同时对温度和湿度进行有效控制，在展柜内安装温湿度仪表进行实时监测，根据文物的材料质地调节控制每个展柜的温湿度，做到智能监控调整温湿度，为文物安全保驾护航。展览专项工作人员定时进行展厅巡查和后台数据监控，实时掌握展柜内温湿度变化情况，对重点文物进行监控，并认真查看数据记录，以便合理对展柜内微环境进行调控，确保文物展示安全（图3-63）。我们最终实现了展示文物微环境"稳定、洁净"的目标，提升了对展示文物的预防性综合保护能力。

图3-63　实时掌握展柜内温湿度变化情况（组图）

2.设备维护和安全保卫

我们实施预防性维护措施，工程人员会定期对展厅设备进行维护保养，确保设备长期稳定运行，避免设备故障对展品造成影响。对展厅内照明、多媒体等设备，我们通过集成电路一键控制，采用智能化控制系统，便于工程人员日常巡查、维修和保养，有效保障了展厅设备长期稳定运行。

展览展出期间，馆内配备充足的固定安保人员，切实落实"一岗五能"（安全员、消防员、服务员、保洁员、讲解员）和岗位职责，确保展厅安全。我们定期开展相关安全演练，提高展厅工作人员应对突发安全事故的能力，进一步保障展览安全。

注释

〔1〕彭明翰 . 商代江南 [M]. 北京：科学出版社，2010.

〔2〕彭明翰 . 商代江南 [M]. 北京：科学出版社，2010.

〔3〕彭明翰 . 商代江南 [M]. 北京：科学出版社，2010.

〔4〕派恩，吉尔摩 . 体验经济 [M]. 夏业良，鲁炜，等译 . 北京：机械工业出版社，2002.

〔5〕郑曦阳，刘群展示设计技巧与禁忌 [M]. 北京：机械工业出版社，2007.

童心虎迹

Childlike Innocence and
Tiger Trace

虎跃龙腾，收获累累果实

在博物馆文化服务渐趋丰富的时代，展览早已不只是展览。在展览正式开展之后，我们也并未停下脚步，以虎跃龙腾之势全方位推进展览关联项目，极力构建出江西省博物馆儿童博物馆计划的雏形，将展览带来的丰厚资源不断转化为完善博物馆儿童教育机制的累累果实。

一、观展调查，倾听观众心声

（一）问卷设计

长期以来，江西省博物馆展览缺乏完整的评估反馈体系。借此机会，我们针对展览和教育活动面向参与者开展了评估反馈工作，收集观众意见，倾听观众心声。我们在展览策划时进行过一次前期调查，了解儿童真实的观展需求。在展览正式开展之后，我们为孩子们量身定制了一套调查问卷，意在了解实际观展之后观众们对展览的看法。

　　问卷的第 1 至 3 问主要收集参与调查者的基础信息，为保护观众隐私，我们仅记录观众的性别、年龄和就读年级。针对展览本身，我们设计了多个问题，从核心文物、观展体验、互动项目、文创设计等多个角度了解孩子们的感受。第 4 问通过多选方式了解孩子们得知"小鸟虎儿童主题展"的途径，便于后期改进展览宣传推广方向。第 5 至 7 问收集孩子们在本次展览中"印象最深的文物"信息和"最喜欢的文物纹饰"信息，有助于了解孩子们观展后对核心文物的了解程度，以及对文物的兴趣点。第 8 问重点了解孩子们对展览易读性、趣味性、环境舒适度和知识传播效果的评价，让孩子们分别对"能否独立观展""互动是否有趣""展厅环境是否舒适""是否学到了课外知识"进行五段式打分。第 9 至 11 问分别用以了解孩子们"最感兴趣的互动项目""对文创产品的喜爱程度""对虎文物的喜爱程度"。第 12 和 13 问主要分析孩子们最感兴趣的展示方式，了解他们观展后对展览的印象。第 14 至 16 问为儿童展览的改进收集数据，了解孩子们对展览必要性的看法，以及儿童想要在展览中体验的内容。第 17 和 18 问则需要观众针对展览满意度进行评分，用以收集被调查者对展览不满之处、改进建议等信息。这一份调查问卷较为全面地收集了观众对展览各方面的看法和感受，有助于展览结束后我们从组织者角度对活动效果进行针对性总结，构建整体、系统、协调的评估反馈体系，以及改进展览和相关服务。

（二）调查过程

　　展览的展期覆盖了整个暑假直至国庆长假，其间客流密集，向每一位观展儿童发放问卷是不太现实的，我们只能采用抽样调查的方式，尽管抽样调查并不如全面调查详尽，却也能从数据中取得反映总体情况的信息。为了尽可能扩大受调查者覆盖范围，我们设置了多种问卷发放途径。

图4-1　展览调查问卷二维码

　　我们在展厅中同时设置纸质问卷收集点和问卷调查二维码（图4-1），纸质问卷更方便观展儿童随取随填，二维码扫描的形式则更能引起家长的注意，一部分孩子可以在家长的指导下填写。同时，我们印制了大量纸质问卷，并提前与校方和领队老师沟通情况，向与江西省博物馆开展馆校合作和到江西省博物馆进行研学等活动的学生团体统一发放、统一收集。此外，我们还通过博物馆微信、微博等官方媒体平台推送线上问卷，在扩大调查范围的同时也能起到一定的宣传推广作用（图4-2）。

与小鸟虎的悄悄话

小鸟虎致小朋友们的一封信

寻·虎 SEEKING TIGERS
小鸟虎
儿童主题展

亲爱的小朋友们：

大家好！

我们的"寻·虎"展览已经开展啦！相信有不少小伙伴已经来到江博，和小鸟虎见过面、交过朋友了。悄悄告诉你，展厅中的我其实有一点点紧张，有很多话想和大家说，还很想知道——大家喜欢小鸟虎吗？喜欢我们的展览吗？

大家是不是也有很多话想要和我说呢？悄悄话只有我们能听到，小鸟虎会严格保密的！

这是一份为小朋友们定制的调查问卷。你的意见非常宝贵，此问卷不记名，请按照你的观展感受如实填写，调查结果仅供研究使用，感谢大家的支持！

问卷详情

活动时间： 2022年6月20日——2022年8月31日

参与方式： 用手机扫描下方二维码参与问卷调查，填写完成后请提交问卷。

扫描二维码
或点击文末"阅读原文"填写问卷

有奖参与：

1、扫描二维码或者点击文末"阅读原文"参与答题。

2、问卷调查提交有效的**前5名**，将获得精美礼品。

3、为了方便兑奖，请在问卷最后填写正确的姓名和联系方式。

江博

微信公众号 | jxmuseum
新浪微博 | @江西省博物馆

图4-2　江西省博物馆微信公众号发布的网络调查（组图）

问卷回收后，线上问卷依托专门的调查问卷应用软件进行自动整理，纸质问卷则全部经过人工检查，根据每一份问卷的填写内容甄别出有效问卷与无效问卷，然后将有效问卷电子化，再通过调查问卷软件进行信息整合，最终生成相关报表。

（三）调查结果

1.前期调查

策展前期调查的主要目的是了解儿童的观展需求，从而有针对性地进行策划和设计。前期问卷发布后，我们收到了2350份有效数据。调查结果显示，71.08%的孩子从来没有参观过儿童展览，40.96%左右的孩子在博物馆参观展览所用时长不超过2小时，约39.76%的孩子观展时间会超过3小时，仅有19.28%的孩子观展时间在1小时左右。对于这次儿童展览，90%以上的孩子对数字多媒体的展示形式更感兴趣，65.06%的孩子对图文介绍感兴趣。

对于文物本身，87.95%的孩子更想了解文物的纹饰和造型，希望了解文物起源和发掘过程的孩子均占80%以上。针对互动形式，有89.16%的孩子喜欢体感互动等互动项目，86.75%的孩子喜欢模拟场景、VR等沉浸式形式。关于孩子们最为关注的多媒体互动项目，91.57%的孩子希望多媒体互动项目能够应用于科普，便于他们更加直观地获取知识，同时，87.95%的孩子希望多媒体互动项目能够增强展览的趣味性，起到娱乐的作用。73.49%的孩子希望通过多媒体互动项目获取展览信息，65.06%的孩子希望能从志愿者服务中了解展览，61.45%的孩子希望博物馆能派发与展览相关的纸质资料，仅有半数不到的孩子认为自己会通过网络导览观展。对于文创产品，88.13%的孩子最喜欢的是文具类的文创,66.27% 的孩子希望能购买到主题玩偶,近50% 的孩子想品尝美食类文创,或希望博物馆能够推出与其他品牌联名合作的文创产品。

2.中后期调查

我们收集到 4395 份有效数据。调查结果显示, 在 5 分为满分的评价制度当中, 为展览打出 3 分以上的孩子占 99.24%, 88.86% 的孩子对这次展览给出了 5 分"非常满意"的评价。前来观展的孩子中女生占多数, 男女比约为 4∶6。60% 以上的孩子是通过博物馆的微信公众号了解到展览开幕的消息, 33.92% 的孩子是看到展览宣传海报后前来观展, 23.04% 的孩子是通过其他人的推荐得知此次展览的信息, 14.68% 的孩子通过电视媒体等渠道了解到"小鸟虎儿童主题展"。

参观展览后, 80.76% 的孩子表示对展览中展出的虎文物非常感兴趣, 15.19% 的孩子对虎文物比较感兴趣。57.47% 的孩子对核心文物伏鸟双尾青铜虎印象最深, 11.14% 的孩子对兽面纹虎耳方形青铜鼎印象最深, 大概各有 2%—5% 不等的孩子对诸如活环羽人玉佩饰、绿松石蝉、黄釉虎等其他非核心文物产生了深刻印象。

在观展过程中, 有 75.7% 的孩子认为展厅环境十分轻松舒适, 认为展厅环境基本令人舒适的孩子占 18.99%。95.19% 的孩子认为自己从展览中学到了课本以外的知识, 超过 80% 的孩子表示不需要父母讲解就能独立看懂展览。60.51% 的孩子表示参观完后还能记得大部分展览内容, 22.78% 的孩子对一半左右的展览内容还有印象。

孩子们最喜欢的是文物、儿童艺术作品等实物展品, 其次是互动项目。94.43% 的孩子认为展厅互动部分有趣, 最吸引孩子注意力的互动项目是贯穿展览的"'印'象小鸟虎"集章打卡活动, 其次为"我是考古学家""小小修复家""拓虎成趣"等体验活动, 72.15% 的孩子非常喜欢"小鸟虎杂货铺"中的文创产品。

参与调查的儿童中, 有 96.71% 的孩子认为博物馆有必要设置专门的儿童展览, 81.01% 的孩子希望能在今后的儿童展览中学到更多新知识, 70.38% 的孩子希望儿童展览能够激发他们的新兴趣；47.09% 的孩子想要在未来的儿童展览中体验互动制作类的活动，33.92% 的孩子希望儿童展览能够开设更多志愿者讲解类活动。这些调查结果非常直观地反映了孩子们对本次儿童展览的看法，也将成为我们未来策划儿童展览的重要参考。

（四）观众观展留言

在进行问卷调查的同时，我们设置了不同渠道，方便观众进行实时的观展反馈。我们在展厅里设置便签留言墙和观众留言簿，也在媒体宣传渠道中开放留言评论。展览结束后，留言墙上贴满了孩子们的童言趣语。

有的孩子在留言中诉说对小鸟虎的喜爱之情："小鸟虎，非常喜欢你！""我非常喜欢小鸟虎，希望大家珍惜老虎，不要伤害它！"这样的表白在留言墙上随处可见。也有孩子"小鸟为什么停在老虎背上"这个问题尽情地发挥想象。"小鸟和老虎是好朋友"是大多数小朋友的回答，或许这正是孩子心中最直白、最纯真的答案。也有许多孩子留下"我觉得（是因为）老虎说可以保护它""因为老虎背上很舒服，虎毛很温暖""因为它想给老虎挠痒痒"等令人不禁会心一笑的回答。更有小朋友充分发挥想象力，留下了"因为老虎想飞""因为小鸟想长高""因为老虎是小鸟的坐骑，小鸟可能是神仙变的"等天马行空的答案。除了各式各样充满童趣的留言，还有许多观众利用小鸟虎造型的便笺纸绘制各式各样的"小鸟虎表情"，有的憨厚老实，有的俏皮可爱，有的寥寥几笔便勾勒出鲜活灵动的造型（图4-3）。

图4-3　观众留言（组图）

二、教育研学，走进博物世界

（一）教育设计下苦功

　　"小鸟虎儿童主题展"是在"完善博物馆儿童教育机制，构建儿童友好型博物馆"的课题下诞生的，展览的社会教育服务研发自然更应"精耕细作"。我们的初期思路更侧重于馆内社会教育课程体系的建设，如增设节假日期间面向儿童的专题性社会教育活动，密切联系周边中小学进一步丰富到馆研学路线等，这些也是近年江西省博物馆社会教育工作开展的重点方向之一。当时，江西省博物馆的社教课程多依托于馆内"物华天宝 人杰地灵——江西古代历史文化展"和"红色摇篮——江西革命史陈列"两大基本陈列，虽有较为完整的体系，但更侧重于对江西历史文化的碎片式呈现，与展览本身的结合度较低。而结合临时展览设计的社教活动往往因展览开放时间较短、活动更新较快等因素，开展得更为零散，参与人数也更加有限。此次儿童展览的推出正是江西省博物馆整理社教服务思路的一个好契机。围绕展览，策展团队与江西省博物馆开放教育部一起，在社教研发上下苦功，设置了四大类社教项目。

1."小鸟虎"大课堂

　　（1）"虎王归来，疫情退散"

　　"小鸟展儿童主题展"于2022年6月1日开幕，随后"巧遇"的第一个节日端午节正是在展览开幕后的第三天。为了丰富人民群众的节日文化活动，也为了给展览做第一波宣传引流，我们利用端午节设计了开展后的第一轮社教活动。端午节是我国的传统节日，在这一天，人们吃粽子、挂艾草、赛龙舟、驱五毒，以祭祖敬神、驱邪避疫、祈福欢庆。虎自古被认作镇邪、避灾、祈福的灵兽，有"猛虎出，百虫退"之威名，端午时节，用雄黄酒在孩子头上写"王"字被称为"画额"，既是借雄黄以驱毒，也是借猛虎以镇邪。我们以"虎王归来，疫情退散"为主题，结合展览与端午节非遗知识，在 2022 年 6 月 3—5 日期间，面向所有观众推出了三个主题的特色活动（图 4-4）。

一是"集·虎章探秘"活动，即前往"小鸟虎儿童主题展"展厅，收集小鸟虎表情印章，体验文物纹饰拓印，完成集章图鉴，兑换伏鸟双尾虎文创橡皮擦。二是"寻·虎影迷踪"活动，即到江西省博物馆寻找任务发放人，领取寻虎任务卡，在全馆范围内寻找指定虎文物，找到后前往任务发放人处核实答案，完成任务可以兑换双尾虎文创雪糕或限量读本。三是"赞·虎王话福"线上互动，即发布以伏鸟双尾青铜虎为中心的江西省博物馆的 9 张照片，并讲述在馆内的端午节日感受和发表节日祝福，集齐 68 个赞则可以免费领取新品双尾虎文创雪糕。

（2）"揭秘小鸟虎"

结合"小鸟虎儿童主题展"，我们专门设计了 4 期馆内社教课程。活动于 2022 年 6 月 18—26 日期间免费开放，面向 6—16 岁青少年，带领参加活动的孩子们系统了解小鸟虎文物原型伏鸟双尾青铜虎的纹饰、材质、发掘历程、修复历程，认识新干大洋洲商墓的其他珍贵文物，了解新干大洋洲商墓发掘的意义与价值，感受商代江西辉煌灿烂的青铜文明，树立文化自信。

这一系列活动下设 4 个主题。一是"小鸟虎，穿花衣"，以双尾虎的纹饰为教学主体，拓展介绍其他文物上的不同纹饰，让孩子们通过观察、对比、触摸等直接方式感受青铜器纹饰的多样性，并活用所学，为伏鸟双尾青铜虎设计新的纹饰。二是"时光的印记"，介绍伏鸟双尾青铜虎的铸造历程，使孩子们认识青铜这一古老的合金，并扩展知识，教会孩子分辨不同种类的铜，使其了解铜锈的形成与去除方法，并动手做"去除铜锈"的科学小实验。三是"好朋友，来相会"，以"小鸟虎

图4-4   "虎王归来，疫情退散"端午节主题活动（组图）

图4-5 "揭秘小鸟虎"系列活动（组图）

的朋友圈"形式，介绍新干大洋洲商墓的其他文物，让孩子们了解江西重大考古发现的意义与价值，其间插入原创短剧现场排演，以情景剧的形式编演"小鸟虎与朋友的故事"。四是"虎王归来"，讲述伏鸟双尾青铜虎的修复历程与缺失的虎牙的故事，让孩子们体会文物修复的困难，用积木模拟修复文物，强化文物保护意识（图4-5）。

2. "小鸟虎"校园馆

配合国家"双减"政策，江西省博物馆深化馆校合作，利用馆内"三点半博物馆"课后服务体系，推出"了不起的小鸟虎"主题系列课程，让博物馆真正地走进校园，成为校园中的"博物馆一角"。课程以文物伏鸟双尾青铜虎为中心，配合展览内容，将文物与历史知识合二为一，通过轻松、活泼的课堂，寓教于乐，激发学生对历史和传统文化的兴趣，以史为鉴，使其增强民族认同感，树立文化自信。系列课程设置了 4 个主题共 8 个环节，其中 2 个面向 1—3 年级，2 个面向 2—4 年级，2 个面向 3—5 年级，2 个面向 4—6 年级，学校老师可根据学生情况和教学计划，自行选择课程开展，或搭配课堂教学。

　　"小鸟虎绘本馆"以展览专属读本为依托展开课堂。环节一"小鸟虎的前世今生"带领学生认识文物伏鸟双尾青铜虎，了解"虎"字的由来，开展互动小任务——"寻找你身边的虎"；环节二"小鸟虎之纹饰大揭秘"组织学生观察伏鸟双尾青铜虎身上的纹饰，使其了解纹饰的象征意义与寓意，欣赏纹饰的线条美，开展互动小任务"纹饰万花筒"，分享各自喜欢的传统纹饰。

　　"小鸟虎手工坊"以手工活动为核心。环节一"你眼中的小鸟虎"引导孩子对比动物园中的老虎形象，仔细观察不同之处，以刮画的形式画出一幅五彩斑斓的小鸟虎的画像；环节二"你不知道的青铜"带领学生了解小鸟虎的铸造历程，认识青铜这一古老的合金，分辨不同种类的铜，开展"'铜'在身边"互动小任务，寻找身边以铜为材质的工艺品并进行分享。

　　"小鸟虎表演秀"以原创舞台剧为蓝本。环节一"小鸟虎奇遇记"以"我是小鸟虎"的第一人称演绎小鸟虎的奇遇故事；环节二"来吧，朋友的聚会"以沉浸式舞蹈剧的表演形式让学生认识小鸟虎的"圈中密友"，邀请学生扮演四件文物，发挥想象力演绎文物故事。

　　"小鸟虎知多少"以知识问答为载体。两个环节囊括爱虎纪录片、知识小问答、你画我猜等趣味互动小游戏。

3. "小鸟虎"夏令营

　　青少年犹如一颗颗冉冉升起的新星，经历过漫漫成长之路，势必照亮中国的未来。2014 年 8 月，《国务院关于促进旅游业改革发展的若干意见》明确将研学旅行、夏令营、冬令营等作为青少年爱国主义和革命传统教育、国情教育

图4-6　研学手册

的重要载体。儿童展览的开展时间横跨整个暑假，为假期孩子们的校外教育实践提供了绝佳的场所。"小鸟虎"夏令营于2022年7月1日—8月31日期间开放，既设置趣味课程，还专门设计了《寻虎研学手册》，旨在通过活动提高青少年的语言素质，在寓教于乐中让青少年感受文物的魅力，增强爱国情怀，坚定文化自信，传承和弘扬江西优秀文化（图4-6）。

2022 年 8 月，"小鸟虎"夏令营共开展 6 期社教课程以及为期 6 天的研学打卡活动，300 余名少年儿童携手小鸟虎，一起探索神秘的江南青铜王国。趣味社教课程面向全社会少年儿童开放，课堂上，社教老师讲述了新干大洋洲商墓的历史，介绍了青铜器的种类和功能。孩子们对江西古老的虎文化和青铜文化产生了浓厚的兴趣，为古代工匠精湛的技艺惊叹不已，对江西悠久的历史和厚重的文化有了更深的了解，还学习了伏鸟双尾青铜虎的修复过程，体会了文物修复的艰难，进而认识到保护文物的重要性。主题研学活动邀请孩子们入馆打卡，分享馆内见闻，领取研学手册。配合手册，根据"缺失的虎牙""我的诞生""我的家乡"等线索，孩子们在展厅里打卡、集章、答题、闯关，自主学习，开启一段快乐的研学旅程。

4. "小鸟虎"爱心屋

江西省博物馆秉承以人为本的中心思想，专为特殊儿童打造"小鸟虎爱心屋"系列课程，针对他们的不同需求进行课程设计与实施，为盲童、聋哑儿童、孤独症人群制定了不同的活动方案。

根据聋哑儿童学生特点，课程采取多种形式教学，增加视觉、感知类课程；针对盲童，设置触摸、听觉、言语表达类课程；为孤独症儿童开设感知、听觉、视觉、语言类课程。这些课程使特殊群体儿童也能够感受博物馆的关爱，在博物馆温暖的怀抱里学习知识、康复身心、增强本领、塑造品格。

"指尖触摸的虎"设有相应的盲文触摸台及可直接触摸的文物，让视物不便的孩子们近距离感受文物的形状、大小、纹饰，感受文物之美，开阔视野，增长见识，丰富内心世界。"触目生辉的虎"特邀手语老师带领聋哑学生参观展厅，让儿童直观感受文物之美，观看文物花纹、大小、形状，了解博物馆文化与历史。同时赏析展厅内儿童的美术作品，开展拼图或"文物找碴"游戏，激发聋哑儿童的创造力。"开启心扉的虎"课程中，专业老师鼓励孤独症儿童在观展与学习的过程中交流、合作、创作、分享，加强其与外界的联系，帮助孩子适应社会、融入社会。

（二）亮点创新显成效

1.独特的创新亮点

这些全新推出的社教内容有五大创新亮点。一是全馆联动、全民参与。我们围绕儿童展览设计教育活动，但不局限在儿童展览范畴，而是以儿童展览为核心，联动全馆各展厅，以虎为线索串联江西文化，拓宽参与者活动范围与文化视野，且设计了各年龄段均可参与的活动，如端午节主题活动结合非物质文化遗产知识，开展全民参与、全馆联动的寻虎、集章、拓印、打卡等活动，让全体观众都能享受展览，感受江西文化魅力。

二是馆校联动、模块课程。"双减"大背景下，江西省博物馆围绕儿童展览，与省内中小学深入合作，馆校联动，举办"校园博物馆""流动展览进校园""博物馆课程进校园"等文化活动，并以模块化形式推出课程自选菜单，校方和老师可根据需求自行选配相应活动模块，更好地适应不同学龄段学生的接受能力与教学安排，丰富学校课后服务内容，方便广大中小学生在学校中参与"寻虎之旅"，并定期组织学生到馆参观展览，参与馆内教育活动，充分用好博物馆教育的直观性、互动性优势，打造优质"第二课堂"（图4-7）。

三是学做联动、多彩假期。江西省博物馆推出主题夏令营，结合展览读本，通过研学手册、短剧编演、艺术创作、实地参观等形式，推动展厅内互动板块联动互通，并将陪同参观家长纳入教学体系，强化亲子互动，有效地将博物馆社会教育与

图4-7　学校组织学生参与馆
内研学活动（组图）

图4-8 孩子们在老师、家长的陪同下参与馆内活动（组图）

家庭教育相结合。通过"实践＋阅读""展厅＋舞台""家庭＋社会""实景＋课程"研学实践一体化的暑期活动，丰富学生的暑假生活（图4-8）。

四是双线联动、便捷学习。我们围绕展览线下开展丰富的馆内、馆外教育服务，不仅可以让学生走进展厅，实地研学，也可以让博物馆活动走进校园、走上讲台，让学生在学校中体验多彩课程；线上则推出"集赞""打卡"等互动活动提升参与度，发布线上教育内容，向全国观众介绍江西历史文化。线上线下活动联动开展，打破时空限制，让青少年更为便捷地享受博物馆文化教育服务。

五是关怀联动、温暖心田。配合儿童展览，江西省博物馆专为特殊群体打造"小鸟虎爱心屋"系列教育活动，将博物馆教育与特殊教育结合。在专业人员的指导下，分别针对视障群体、听障群体、孤独症患者等不同群体的感知特征，打造不同形式、不同内容的特殊教育服务，让每一个孩子都能享受到展览与教育服务的乐趣，扩大博物馆社会服务的人文关怀范围。

2.良好的社会效益

在三个多月的展期内，江西省博物馆共开展了 38 批次教育活动，近 2000 名儿童参与活动，多元的社教内容为我们带来了诸多益处。

第一，丰富了博物馆社教活动形式。通过开设儿童展览相关系列主题活动，实现参与教育、智慧教育、寓教于乐。作为江西省首个儿童专题展览的配套社教活动，在活动形式上更注重互动性、趣味性，将活动场所开放至全馆范围，并在展厅中设置教育活动空间，解决了传统社教活动在空间、时间上脱离展览的问题，突破了社教活动仅为展览提供衍生服务的传统形式，为观展儿童提供沉浸式教学、实景式教学活动，增强其对教学活动的参与感，加深其对知识的印象，同时这种活动形式也为博物馆社教活动的开展提供了新模式。

第二，完善了品牌体系。展览配套系列教育活动均围绕"小鸟虎儿童主题展"展开，以文物伏鸟双尾青铜虎为核心，向参与者介绍江西历史上的青铜文化和虎文化，在内容、形式上做出了全新的尝试，为博物馆社教活动探索了新的发展方向，在宣传上比以往力度更大、范围更广，提高了江西省博物馆社教活动品牌的知名度，吸引了全省乃至全国的少年儿童参与博物馆社教活动，这是江西省博物馆社教品牌的发展与延伸，也是江西省博物馆社教品牌体系中的重要组成部分。

第三，扩大了教育影响。活动深挖江西特色，推广江西文化与江西精神，吸引众多观众参与，不仅为观展观众提供丰富的外延体验，也向参与教育活动的观众宣传展览，为少年儿童提供更加丰富的学习资源，在多种多样的活动中引导青少年学习文物知识，了解江西历史文化，开阔眼界，增长阅历。专门开设的"小鸟虎爱心屋"丰富了特殊群体的文化生活，使其能够享受博物馆社教的成果，体现了江西省博物馆"一个都不能少""温暖服务"的全新服务理念，在扩大博物馆教育的覆盖面与影响的同时，也进一步推动了社会公平、教育公平目标的实现。

第四，推动了文化传播。各项教育活动在紧扣展览的同时，选取馆藏代表文物，以江西历史上具有代表性的传统文化为核心设计活动内容，是将馆藏资源与地区传统文化、时代发展现状相互结合的积极实践，在全国范围内宣传、推广了江西传统历史文化，在传承中华优秀传统文化的过程中提升了青少年的文化认同感与文化自信心，使得越来越多的青少年成为传统文化的承载者和传播者。

三、媒体矩阵，传播文化之韵

（一）纸质载体出新裁

为创新宣传方式，我们不仅以展览为核心，定制了专属海报、读本、集章图鉴手册等一系列产品，还精心打造了一本展览读本，将展览浓缩到读本之中。文物化身的主角小鸟虎带领着小读者穿越时空，前往三千多年前的商代，讲述它的身世之谜和朋友圈，让小读者感受南方青铜王国的神秘多彩，同时还可以了解藏在古诗词里的虎、自然界中的虎和非遗中的虎。这不仅是一本展览读本，也是一本沉浸式游戏书。我们通过"小鸟虎有话说""你不知道的神兽"等知识拓展模块，对展览以外的知识进行扩充，通过"学有所得""小鸟虎互动课堂""小夏商周三代是我国古代青铜器发展最为辉煌的历史时期。我们按照青铜器的用途标准，采用功能分类法，把青铜器分为：礼器、乐器、兵器、车马器、雕塑品和其他类等。

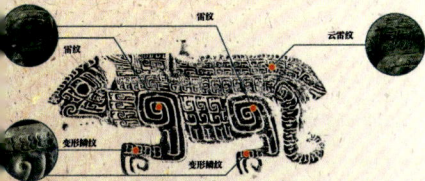

为我帅气的绞饰填上绚丽的色彩吧！

雷纹
云雷纹
变形兽纹
变形兽纹
卷云纹
卷云纹

小鸟虎有话说

商代的青铜器装饰纹样主要有饕餮（tāo tiè）纹、鱼纹、蜂纹、云雷纹、弦纹等等。这些青铜器上的纹饰大多以动物为主，大体分为两种，一种为动物纹饰，是世代人们口耳相传下来的，现实世界不存在的动物的纹饰，如饕餮、夔（kuí）龙纹、凤鸟纹等。另一种动物纹饰为现实世界中真实存在的动物。

图4-9　展览读本内页设计

小修复家"等互动模块，让阅读更加生动和充满趣味（图4-9）。

读本的大纲设计基本沿袭展览大纲内容。第一站"小鸟虎·大揭秘"中，"猜猜我是谁？"板块带领读者初步认识和了解小鸟虎方方面面的信息。"小鸟虎有话说"板块向大家介绍了"虎"字的演变和藏在古籍中的虎。"我从哪里来"板块中，小鸟虎带领大家回到发掘现场，小读者们可以变身小考古学家，取出读本配套的"放大镜"，透过胶片寻找珍贵文物的埋藏之地。在"我如何诞生"板块中，我们可以了解威风八面、憨态可掬的小鸟虎是如何被铸造的，还能用自己的画笔为它设计新造型。

第二站"小鸟虎·大发现"里，小鸟虎集结它的青铜器和玉器小伙伴们，组成了一支探险队，出发去探寻沙丘下的神秘宝藏。在这一板块，我们为每个小伙伴附上了"标准证件照"，还通过文物的自我介绍，让小读者们逐一了解这些文物都有哪些独到之处，从而彰显它们的历史价值、艺术价值和科学价值。随后，小读者们紧跟着"小鸟虎探险队"的步伐，一路探秘青铜王国的虎，了解江西先民的虎崇拜，

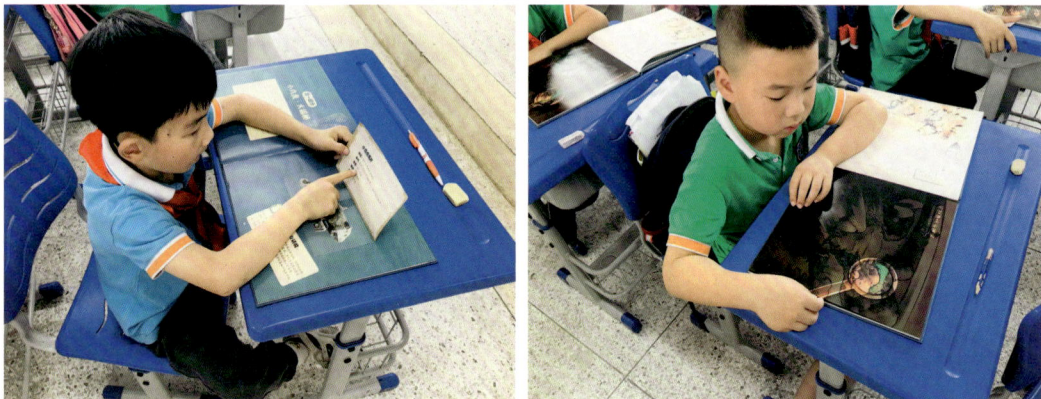

图4-10　使用展览读本开展社教活动（组图）

认识甲骨文中的古老虎方国。在"千姿百态的虎"板块里，小鸟虎还为大家介绍了许多它在博物馆新交到的虎朋友，并鼓励大家走进博物馆的其他展厅，去拜访这群可爱的文物朋友。

第三站"小鸟虎·大创想"中，小读者们不仅可以化身小设计师，画出心中的小鸟虎的表情和纹饰，还可以参与智慧大作战，巩固展览中学习到的历史知识。在读本的最后，我们为读者附上了小鸟虎写给大家的一封信。在这封信里，小鸟虎讲述了虎族从两百万年前到现今的演变过程以及野生虎的现状，它化身野生动物护卫队成员，呼吁大家关心爱护野生虎（图4-10）。

这本展览读本既吸纳了展览中的精华内容，却又不同于传统的展览图录，更富功能性和互动性的设计让它在作为展览配套读本之余，也能成为一本可供独立使用的科普类读物。一边看展览，一边看读本，能够进一步丰富观展体验，扩充展览内容；独立使用时则能够在科普文物考古知识的同时激发读者对博物馆和儿童展览的兴趣，吸引孩子们到博物馆里来亲身体验儿童展览的乐趣，这既是一种创新的宣传手段，也是服务于展览配套社会教育活动和文创研发的有益产品。

（二）媒体平台齐上阵

随着新媒体技术的快速发展，其传播方式、媒体格局的改变使年轻人的生活方式、行为方式等发生了深刻变化。近年来兴起的新媒体、自媒体等以其易用、开放、便捷等特性备受青少年青睐，牢牢地占据了媒体传播的阵地。我们必须运用互联网技术，借助新媒体平台提高文化传播的密度、强度，也使文化传播更具温度、态度。

对于本次儿童展览，江西省博物馆的官方媒体宣传主要集中在微信和微博两大平台上。这两个平台是江西省博物馆每年活跃度最高、阅读量最大的平台，也是博物馆展览信息更新最快、通知公告发布最频繁、观众互动形式最多元的运营媒体。针对博物馆官方微信公众号，江西省博物馆宣传推广部门早在展览还处于策划阶段时就建立了"#寻·虎"合集，专用于收录儿童展览相关推送，并于开展前多次发布儿童艺术作品征集、儿童艺术作品投票评选、展览前期调研问卷等活动，开展后又陆续更新小鸟虎新展预告、"揭秘小鸟虎"社教活动、展览读本解读、小鸟虎文创新品发布等多种信息。"#寻·虎"合集总共收录微信推文28篇，阅读总量超过6万次。相较于偏向单方面发布信息的微信公众号，我们在微博运营时更加注重互动性，总计发布儿童展相关博文28条，发起#寻·虎——小鸟虎儿童主题展#话题，推送"小鸟虎，知多少"投票答题栏目，总阅读量超过132.6万次。

我们积极联系主流媒体与传统媒体，通过多维联动扩大传播范围。儿童展览受到了新华社、中国日报网、中国新闻网、光明网、大江新闻、凤凰新闻等多家媒体的关注和报道。展览开幕当天，约有20家媒体到访，发布媒体报道20余篇。中央电视台少儿频道《新闻袋袋裤》栏目还针对本次展览进行了特别报道。

展览综合运用虚拟现实技术、三维图形图像技术、计算机网络技术、立体显示系统、互动娱乐技术、特种视效技术，将儿童展厅以三维立体的方式完整呈现于网络上，正式上线南昌市中小学智慧阅读平台，让小朋友们能在虚拟的展厅中随意参观，观看展厅内各种藏品的三维仿真展示，查看各种藏品的相关信息资料。

四、新潮文创，打响原创品牌

（一）博物奇趣陪伴美好生活

陈列在博物馆中的文物有时像是记忆的容器，等待人们去解读，去挖掘藏在它背后的那些历史故事。一个是开放 71 年、浓缩赣鄱历史的博物馆，一个是包含时下流行元素的 IP，江西省博物馆希望通过新潮活泼的 IP 形象和引人入胜的藏品故事，来讲述独具江西特色的历史文化演变过程，带领观众感受文物背后的温度，探寻中华文化的精神本源。

我们的文创团队专为小鸟虎创新研发了近百款系列产品。实体文创以纸张本册、书写工具、文件收纳等学习用品类为主，同时研发了尺子套装、钢笔套装、橡皮擦、电脑包、笔袋等多个种类，还推出联名款蛋糕、双尾虎文创雪糕等食品类产品，都大受好评。此外，小鸟虎系列文创产品还涵盖小鸟虎家居服、小鸟虎文化衫等服饰，小鸟虎冰箱贴、小鸟虎开瓶器、小鸟虎钥匙扣、小鸟虎马克杯、小鸟虎晴雨伞等生活日用品，可谓设计创新，品类丰富。文创产品加深了儿童对文物的印象，使他们留下了值得珍藏的博物馆回忆。产品设计充分应用了小鸟虎IP形象，也从文物本体上摘取了许多标志性纹饰元素，让每一件文创产品都有其内涵，通过更富冲击力和印象性的视觉语言，讲述那些沉寂在文物背后的故事，让博物馆里的文物"活起来"，充满艺术表现力与视觉刺激，为观众提供丰厚的精神滋养，使其感受历史文化的延续（图4-11）。

数字文创也由小鸟虎IP形象出发，衍生创作出系列表情包，包括8个面部表情和8个动作表情。8个小鸟虎面部表情着重捕捉生活镜头，抓住情绪生动展现的瞬间，轻松、诙谐、传神地展现小鸟虎的日常生活状态，在短时间内带来趣味与共鸣，让小鸟虎融入人们的生活；8个动作表情在关联文物背景故事的基础上，将小鸟虎憨态可掬的造型和威武勇猛的神态展现在大众面前，从而让IP形象更加真实灵动。"小鸟虎表情包"在开展当日于微信平台同步上线，并通过博物馆官方媒体进行推广，所有人都可以免费下载使用，将神采奕奕的小鸟虎装进手机，随身携带（图4-12）。

（二）品牌塑造融入文旅体系

文化是一个国家、一个民族的灵魂。随着社会经济发展与物质生活水平的提高，人民群众对美好精神文化的需求愈发旺盛。推动文化产业高质量发展是满足人民精神文化生活新期待的重要途径，文化创意则是助力文化产业崛起的关键要素。文化和旅游部等八部委联合印发《关于进一步推动文化文物单位文化创意产品开发的若干措施》，鼓励博物馆等文化文物单位开展文化创意产品开发。江西省文化和旅游厅出台《关于推进全省博物馆融合发展的实施意见》，鼓励拓展文化创意产品开发销售。在强有力的政策支撑下，大批文化文物单位涌入"文化＋创造"的汪洋，产

图4-11　小鸟虎IP形象文创产品（组图）

小鸟虎

使用表情

作品以江西省博物馆馆藏文物"商代伏鸟双尾青铜虎"为载体，依据原型设计虎背上静卧一只小鸟，在关联文物背后故事的基础上，设计每个"小鸟虎"独特的动作形象。

图4-12 小鸟虎微信表情包（组图）

业生态日趋成熟，成为一片广阔红海。

　　江西省博物馆自新馆开放以来，以"博物馆点亮生活"为文创理念，不断研发系列文创与新奇产品，逐渐形成全新文创产品体系。依托"小鸟虎儿童主题展"研发的文创产品是江西省博物馆文创大军中的一员干将、一名奇兵。产品设计强调多感官体验，考虑儿童审美倾向、实用需求和家庭消费水平，涵盖博物奇趣、创意生活、文房用品、服饰雅配等多个品类，让文创产品亲民而不再高冷，有趣而不失厚重。

　　为活化展览空间，打造文创与展览的交融场景，我们将展览的专属文创店"小鸟虎杂货铺"融入展厅尾厅，店内充满了小鸟虎IP形象元素，为展览专门设计的100多款小鸟虎文创产品展示其中。文创打磨与展览策划同步推进，文创商店开进展厅，真正成为展览的一环，不仅打造出独树一帜、深入人心的江西省博物馆IP和文创品牌，更让博物馆藏品、展览、教育、宣传、文创紧密结合在一起。极具辨识度的IP形象、爆款出圈的美食文创、展创合一的全新品牌传播方向，共同助力江西省博物馆文创从创造到创新，从创新到交融，打造新潮有型、别致有韵的文创品牌，成为形成独具特色的江西省博物馆文创产业发展的有力推手。

童心庶迹

Little Bird Tiger
小鸟虎

Childlike Innocence and
Tiger Trace

虎志笃行，漫道上下求索

　　"小鸟虎儿童主题展"开展期间，全馆参观人数相比 2021 年同期增长了 143%，18 周岁以下未成年观众的占比增长了 31%，观众停留时间增长 20%，文创销售额增长 313%。这份送给儿童的"大礼包"深受孩子们喜爱，成效明显，反馈良好。在对本次展览与配套服务的打磨、落实过程中，我们收获了一些启示，也留下了些许遗憾，而更多的，则是对后续儿童展览及儿童博物馆计划的殷殷探索和美好期许。

一、反思：收获与遗憾

（一）美好收获：六大难题的解决方向

　　"小鸟虎儿童主题展"的成功举办，是江西省博物馆探索儿童博物馆计划的第一步。在这一步中，我们探索传统综合性博物馆儿童教育的发展方向，寻找解决儿童教育痛点难点的途径，初步呈现了一些成效，积累了一些经验，摸到了些许门道。

一是博物馆儿童教育常态化顶层设计不足的问题。我们通过儿童展览的第一期实践，为后续计划的实施开了一个基本成功的先例。事实和数据证明，以儿童主题展览为核心构建多元一体的儿童教育及文化服务体系是一条可行之路。此后数年甚至在更长的发展规划中，儿童展览将被纳入江西省博物馆的整体规划，作为每年固定的项目持续推出，成为常态化顶层设计的重要一环。

二是教育产品缺乏儿童视角的问题。在本次展览的实施过程中，我们尝试了研讨学习、调研分析、专家咨询、儿童直接参与等多种形式，解决儿童视角的缺乏问题，并最终形成了尊重儿童意愿、倾听儿童意见、满足儿童需求的展览产品与教育服务。尤其是儿童直接参与的形式，既对教育产品的设计有重要意义，也是提高儿童参与感与积极性的有效举措。许多观展儿童被"小赣将"志愿者认真工作的姿态吸引，淡化了心中博物馆遥远而枯燥的形象，激发出对参与博物馆志愿工作的强烈兴趣（图5-1）。

三是教育产品缺少品牌效应的问题。儿童展览的推出为博物馆教育产品的研发体系提供了一个凝聚核心，儿童展览的 IP 创建也与配套教育产品相互关联绑定，形成了一套较为完整的生态，儿童展览将成为这一博物馆教育品牌的宣传中心与关注焦点，在社会和观众中间打响名气。随着后续儿童展览的逐年更新，以及配套服务产出集群的不断壮大，这一品牌极有可能成为江西省博物馆对外最深刻的记忆点之一。

四是馆校融合流于形式的问题。以往江西省博物馆的馆校合作大多是博物馆单方面的资源或产品输出，而这次儿童展配套社教课程的顺利推进让我们开启了博物馆、学校、家庭的多方联动，尤其是学校教师也以各种形式参与到馆校合作课程的研发之中，使得博物馆输出的教育内容与中小学知识点关联更加密切，课程体系对接更加紧密。此外，得益于展览读本和流动展览、虚拟展厅的制作，儿童展览的配套社教课程在儿童展览撤展后可以融入江西省博物馆"三点半博物馆"课后服务、

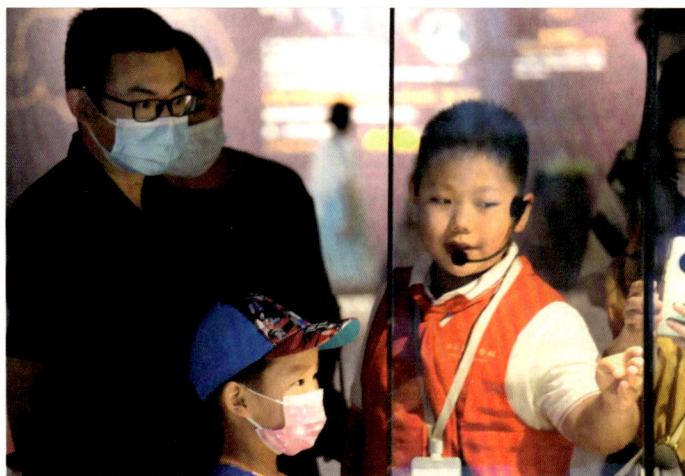

图5-1 "小赣将"（组图）

图5-2　"三点半博物馆"课程体系

《虎伢子说江西》特色读本课程等体系之中，社教课程并不是随着撤展就退出课堂与讲台，而是拥有更持久的生命力和更长的活跃周期（图5-2）。

　　五是宣传推广力度不足的问题。以往馆内宣传推广内容更偏重展览，除了开展信息外，还会不定时针对展览更新释展栏目，而针对教育活动的推广大多只依赖微信公众号发布的预约信息和活动信息，传播力度和推广范围都比较受限。而本次儿童展览的相关推广活动通过江西省博物馆各官方平台共推、主流媒体平台联动、传统传播媒体报道等多种方式展开，每隔一段时间都会有一批宣传报道和活动引流出现在公众面前，持续提高公众对展览的关注度，同时也借力微信、微博上的评论、集赞、转发等互动，实现宣传扩散，再次扩大传播范围与受众人群，有力提高了博物馆儿童教育的知名度和影响力。

六是博物馆展览评估反馈体系不完善的问题。在这次的儿童展览中，我们通过有计划地开展前期调查和中后期调查，收集到了许多有价值的反馈信息，通过对它们的整合与分析，整理出了不少值得保留延续的优点和仍需进一步优化的不足，对展览及儿童博物馆计划实施体系的构建都十分有参考价值。

（二）唏嘘略存：四件遗憾的未完之事

总体而言，本次儿童展览从选题策划到配套服务产品的实施落地，最终到撤展和展后归纳总结，整个流程比较顺畅，结果也比我们的预想更好。但展览落地过程紧密、事项繁杂，不免遗留些许憾事，或可在未来的某次展览中再度圆梦。

其中之一就是展厅中沉浸式场景的营造。在展览连最初的雏形都尚未诞生之时，我们曾热烈地讨论过做一次完全沉浸式的体验型展览。偶发的想象总是美好而粗犷，这个让我们一时兴奋的点子最终因制作时间、展览内容融合度以及展览预算等多种因素的限制而打了折扣，虽然我们最后仍然在展览的特定展区营造了与展示内容相符的场景，但与沉浸式展览还有很大的差距。

与沉浸式场景一同"打折"的还有数字多媒体互动的应用。在对观众的调查中，我们了解到大部分孩子都十分喜爱数字多媒体互动展项，对此充满期待。但遗憾的是，本次展览中多媒体互动的展示项目效果没有达到最初的设想。这主要是因为受展览制作时长的限制，当展览大纲雏形基本形成时，已经没有足够的时间去制作技术含量和产品精细度要求更高的互动展项。为了补充孩子们动手操作的空间，我们在展览中填充了大量实物互动项目，而对更精致的多媒体互动项目的期待则被留待来年。

　　第三个遗憾有关文创产品。我们依托小鸟虎 IP 形象绘制了一套微信表情包，作为某种形式的数字文创产品推广出去。原本，我们曾计划将这套表情包的一部分做成动态表情包，从而让角色形象更加立体鲜明，使用起来也更生动可爱，但最终出于技术和时间原因未能在展览开幕之前完成，与开幕式同步发布的微信表情包也就停留在了静态图片上。

　　最后一个遗憾是关于展览读本的出版发售。原定计划中，展览读本应是在展览开幕的同时宣布出版发售，希望开幕当天观众在现场就能够拿着读本看展览，享受最丰富、最完整的观展体验。但读本的编辑工作与展览制作施工几乎同时进行，受限于人员不足，我们更看重展览本身的落地，由此导致读本的编撰工作产生了一定的延后，而在读本初稿完成后，与出版社的沟通对接和审核耗费了比预计更长的时间，最终读本的样本印刷能在开展之前完成，但正式出版发售还是推迟到了展览开幕之后。我们尽可能地将非正式出版的样本作为活动礼品或重复利用的教具提供给观众，但受样本数量限制，仍有许多孩子无法在当时就体验到展览读本的乐趣。

二、寄语：惊喜与期待

　　在 2022 年国庆假期过后，"小鸟虎儿童主题展"的展厅大门紧紧关上，柜中展品也回到了它们各自的装具和库房中。在展览顺利落幕之后，我们很快便启动了

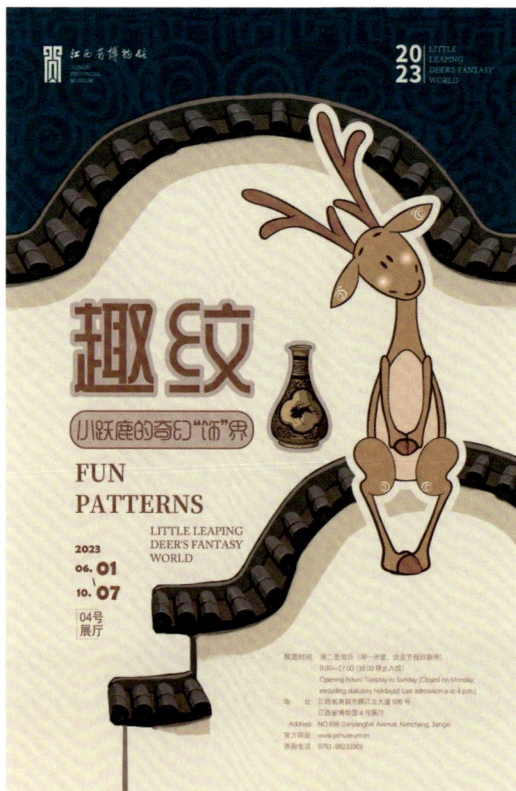

图5-3　"趣纹——小跃鹿的
奇幻'饰'界"海报

2023 年儿童展览的推进计划。

　　在新的儿童展览计划中，我们将延续文物 IP 形象的创作，陪伴了大家整个
夏天的小鸟虎将在第二年夏天迎来一位新朋友，与展览同步推出的教育、文创、
宣传"大礼包"也必不可少。我们充分发挥出博物馆致力于可持续发展和美好
生活的变革潜力，在即将到来的 2023 年六一儿童节推出儿童博物馆计划的第二
个展览："趣纹——小跃鹿的奇幻'饰'界"（图5-3）。展览选取宋元时期江

图5-4　"趣纹——小跃鹿的奇幻'饰'界"展厅现场

西吉州窑兴盛时段的瓷器，以器物纹饰为核心主题，向儿童讲述吉州窑瓷器之美。

结合2022年开办儿童展览的经验，我们将提前筹备，为展厅中的多媒体互动设备预留足够的制作时间，在场景设计上再下功夫，营造"身临其境"的沉浸式展厅。此外，我们在均衡考虑儿童注意力持续时间与观展聚焦点的同时，还计划增加展示文物的数量，做到核心文物突出展示、重点文物重点展示、相关文物多元展示，打造更浓厚的"博物世界"氛围。在文创商店融入展厅这一理念的基础上，我们还计划扩大文创互动区域，增加可供孩子们自己动手制作的DIY文创产品，以及与展览内容紧密相关的现场互动游戏（图5-4）。

更好看的展览、更丰富的文创、更深入的宣传、更有趣的体验，2023年的儿童展览将为广大少年儿童和社会公众带来更多惊喜、更多美好。我们致力于用符合儿童认知能力与兴趣的形式，营造极具参与性、体验性与人文关怀的交互学习空间。希望每年的儿童节我们都能与大家相聚在江西省博物馆，相聚在儿童展，在传统与童趣的碰撞中对话历史，拥抱传统文化。我们用热爱撒下的一粒粒创想的种子，终将向阳而生，慢慢生长成枝繁叶茂的参天大树。

后 记

　　"中国博物馆陈列展览精品·策展笔记"丛书的策划出版是中国博物馆优秀展览实践面向社会公众的一扇窗口，江西省博物馆儿童展览策展团队非常有幸能够参与丛书第二辑的编撰工作。

　　为了让更多的儿童走进博物馆，让博物馆成为一所大学校。2021 年，江西省博物馆率先推出了儿童博物馆计划，秉承展教并重的策展思路，在每年六一国际儿童节推出一个儿童展览，配套开展一系列多维度"扩容"服务，打造一个以展览为核心，融教育、文创、宣传等多项文化服务于一体的综合展览教育体系。儿童展览是儿童博物馆计划的核心产品，为了确保展览主题的原创性、完整性和博物馆属性，策展团队前期进行了大量的策展研究工作，发散思维，查阅资料，发布召集令让儿童加入策展团队，从儿童视角出发撰写展览大纲，融入创新设计，增强互动体验，趣味解读文物知识，推动展览主题文创研发和宣传推广等多元延伸。展览工作虽然繁冗复杂，我们一边忙碌，一边成长，累并快乐着。

　　由衷感谢中国博物馆协会刘曙光理事长的悉心关怀，江西省博物馆原党委书记、馆长叶蓉女士不厌其烦的指点，以及江西省博物馆党委书记、馆长管理女士给予的极大支持、鼓励与帮助。本书的问世也离不开浙江大学艺术与考古学院"百人计划"研究员毛若寒博士、浙江大学出版社陈佩钰编辑等给予的宝贵建议和指导。最后，感谢策展团队的每一位成员对展览和本书编撰工作的的辛勤付出，让本书得以顺利完成，为儿童博物馆计划的美好蓝图添上浓墨重彩的一笔。